Als die Märchen von *Gustav Engelkes* (1905–1973) gleich nach dem 2. Weltkrieg auf holzhaltigem Papier und in vermutlich kleiner Auflage herauskamen, waren sie – wie damals jedes neue Buch – sogleich vergriffen und auch bald vergessen. Anzunehmen ist, daß nur wenige Exemplare die Zeitläufte überstanden haben, denn auch im Antiquariat werden die Bücher so gut wie gar nicht angeboten.

Engelkes' Märchen stehen als Kunstmärchen ganz eindeutig in der Tradition seines großen Vorgängers, des Dänen Hans Christian Andersen (1805–1875), und ähnlich wie dieser hat auch Engelkes aus dem breiten Strom der alten Volksdichtung geschöpft. So sind z.B. ›Die Riesentonne‹ und ›Der Schweinsrücken‹ phantasievolle Paraphrasen des bekannten Rungeschen Märchens ›Von dem Fischer und syner Fru‹ (Grimm Nr. 19). Aber auch zahlreiche andere Motive älteren Erzählgutes und Volksglaubens lassen sich unschwer erkennen.

In ihrer Gesamtheit, in der Vielfalt der Stoffe, Formen und Töne sind Engelkes' Märchen immer Wundergeschichten, in denen sich Märchenhaftes mit Fabel-, Legenden- und Sagenhaftem untrennbar vermischt.

Daneben stehen aber auch schwankartige Stoffe, erfüllt von augenzwinkerndem Humor, wie z.B. das satirisch-didaktische Titelmärchen ›Das Schiff in der Flasche‹. Dabei verbinden sich traditionelle Motive mit der Erfindungskraft des Autors immer zu etwas völlig Neuem.

Engelkes hat es aber nicht nötig, nur auf Überliefertes zurückzugreifen; ähnlich wie die Märchen des großen Dänen sind auch seine Texte vornehmlich Schöpfungen der eigenen Phantasie. Sie sind zugleich auch – und wie könnte es anders sein – echte Kinder der Zeit, in der sie entstanden sind, der Nachkriegszeit von 1945–1948. Grausamkeiten sind ihnen weitgehend fremd; fast immer ist ihnen eine ethisch-pazifistische Grundtendenz eigen.

Last, not least: diese Auswahl aus den Kunstmärchen von Gustav Engelkes bedeutet zugleich die Wiederentdeckung eines zu Unrecht lange vergessenen norddeutschen Autors.

Gustav Engelkes

Das Schiff in der Flasche

Märchen von der Nordseeküste

illustriert von Peter K. Kirchhof

SCHUSTER

Biographische Hinweise

Gustav G(erhard) Engelkes (Pseudonym: Ulrich Schipper) * 30.8.1905 Westgaste b. Norden/Ostfriesld., * 13.4.1973 ebd., war der Sohn eines Lehrers und seit 1931 Journalist und freier Schriftsteller; im 2. Weltkrieg war er Soldat.
E. veröffentlichte zahlreiche Romane und Erzählungen, vorwiegend mit historischen Themen, u.a. auch Jugendbücher, sowie mehrere Bände mit Kunstmärchen, denen auch die Texte dieser Ausgabe entnommen sind.

Peter K. Kirchhof, *18.1.1944 Bremen-Blumenthal, Kupferschmiedelehre auf einer Schiffswerft, Studium an der Staatlichen Kunstschule in Bremen, war u.a. Dekorateur, Anstreicher, Theaterstatist, Restaurator und Siebdrucker. K. illustrierte zahlreiche Bücher, entwarf Schallplattencover und Plakate und ist seit 1980 Redakteur der Literaturzeitschrift ›Die Horen‹. Nach Wanderjahren lebt K. heute als freischaffender Künstler in Düsseldorf.

ISBN 3-7963-0310-2
1. Auflage 1994

Lektorat und Bearbeitung: Theo Schuster
Umschlag und Illustration: Peter K. Kirchhof
Schrift: 10/12 Rotis Antiqua
Papier: Werkdruck, gelblich-weiß, matt geglättet 90 g/m², 1,5fach. Vol., säurefrei
Gesamtherstellung: Hans Kock Buch- und Offsetdruck GmbH, Bielefeld
Printed in Germany

Inhalt

Das goldene Siel

Die Friesen hatten einst ein mächtiges Siel gebaut, das berühmt wurde an allen Küsten, die Menschen bewohnen.
Die gewaltigen, mit kunstvoller Schmiedearbeit beschlagenen Türen, die bei Flut geschlossen wurden und dem Wasser den Zugang zum Binnenland verwehrten, waren gleichsam ein Sinnbild des friedlichen Kampfes gegen die Naturgewalten. Um so mehr erweckten sie den Neid aller auf Gewalt und Unrecht bedachten bösen Gesellen, zumal die Torflügel des Sieles als besonders kostbar galten, denn sie waren mit rotem Kupfer beschlagen, das in der Sonne wie eitel Gold erstrahlte. Darum nannte man das Siel ›das große Tor‹ oder auch ›das goldene Siel‹.
Eines Tages bemerkten die Marschbewohner mit Entsetzen, daß die beiden Außentorflügel des Siels über Nacht verschwunden waren. Zum Glück lief die Ebbe noch drei Stunden; das Unglück war aber nicht auszudenken, wenn der Gezeitenstrom zurückfloß und alles fruchtbare Land hinter den Deichen mit der salzenen Flut bedeckte und das wertvolle Vieh ertränkte.
Der Deichgraf und die Deichgeschworenen waren bald zur Stelle, um zu beraten, was nun zu tun sei. Wer mochte die großen Tore entwendet haben? Seeräuber konnten es nicht gewesen sein, denn sie hätten die Beute schwerlich bei Ebbe fortschaffen können, selbst wenn es ihnen geglückt wäre, die mächtigen Türen aus ihren Angeln zu heben.
Als man noch so dastand und beriet, kam atemlos ein Kuhjunge herbeigestürzt, der schon von weitem rief: *Auf, auf, zu Pferde! Ich weiß, wer unsere goldenen Sieltore gestohlen hat.*
Der Deichgraf faßte ihm beim Rock und drohte: *Weh dir, wenn du lügst oder uns auf eine falsche Fährte lockst. Das Glück unseres Landes steht auf dem Spiel, da verstehe ich keinen Spaß. Hilfst du uns aber, dann soll es dein Schade nicht sein.*
Der arme Kuhjunge dachte gar nicht an seinen Vorteil, ihn hatten nur die Neuigkeit hergetrieben und der Wunsch zu helfen.
Es ist, wie ich es sage, macht Euch nur schnell beritten und sattelt auch mir ein Pferd. Wir müssen uns beeilen, denn der Riese

schafft einen Kilometer mit drei Schritten, obwohl er doch die beiden Tore auf seinem Nacken mitschleppt.
Wie, ein Riese? Welcher Riese? schrien alle durcheinander, und der Deichgraf hätte die Antwort am liebsten aus dem armen Jungen herausgeschüttelt.
Der Beschreibung nach könnte sein Aussehen auf den Riesen Langebeenen zutreffen, versetzte der Kuhjunge. *Ich wollte gerade die Herde auf eine andere Weide treiben, und es wurde eben hell, da scheuten die Tiere und wollten nicht vorwärts. Ich schaute nach vorn und sah, daß ein Riese auf der Deichkappe saß und seine Füße die Straße versperrten, die unten am Deich entlangläuft. Neben ihm aber lagen zwei gewaltige Tore, die ich gleich als die des goldenen Sieles erkannte. Ich rannte los, um festzustellen, ob es wirklich diese Tore waren, und hörte schon unterwegs, daß sie in der Nacht oder bei Morgengrauen gestohlen worden waren. Das sollte der Deichgraf wissen, dachte ich mir und rannte, was ich konnte, weiter, und nun bin ich hier. Ich sage noch einmal, laßt uns eilen, ehe Langebeenen sich genügend verschnauft hat.*
Der Deichgraf und alle Männer, die man in der Eile zusammenrufen konnte, machten sich sogleich beritten und jagten unter Führung des Kuhjungen, dem man ebenfalls ein schnelles Pferd gegeben hatte, dem Rastplatz des Riesen zu. Der Riese hatte sich inzwischen aber schon ausgeruht und war mit dem Raub auf seinem mächtigen Stiernacken weitergewandert, wobei er die ganze Deichkappe zertrampelte und maßlosen Schaden anrichtete. Es war, als wenn eine arge Sturmflut eine ganze Reihe von Kappenstürzen verursacht hätte.
Die geraubten Sieltore auf dem Nacken des Riesen Langebeenen gleißten wie rotes Gold in der Morgensonne; die Verfolger sahen sie schon in der Ferne leuchten. *Wollt Ihr es auf einen Kampf ankommen lassen?* fragte der Kuhjunge den Deichgrafen. *Wir werden sehen,* antwortete dieser. *Auf jeden Fall haben wir unsere Waffen mitgenommen, wenn wir Friesen auch lieber den Spaten handhaben als das Schwert, und dieses nur zur Wehr und nicht zu Raub und Überfall, aber vielleicht wird sich ein Kampf nicht vermeiden lassen.*

Wenn das Sinn und Verstand hat, dachte der Kuhjunge bei sich, aber er sagte es nicht, denn bis dahin war er gewohnt, immer nur den Mund zu halten, wenn etwas Wichtiges beraten wurde.

Endlich hatte die Reiterschar den Langebeenen bis auf Speerwurflänge erreicht. Der Deichgraf rief ihn an. Der Riese drehte sich um, und als er die schwerbewaffneten Männer erblickte, stellte er einen Flügel des großen Tores vor sich und den andern hinter sich auf, so daß er schier unangreifbar schien hinter solchem Schutze.

Nun, meine Herren, was ist Euer Begehr? fragte er gutmütig und hustete, so daß die Decken auf den Pferderücken flatterten, als wenn eine Bö über die Deichkappe gerast wäre.

Ihr habt die Tore unseres goldenen Siels gestohlen und werdet dadurch friedliche Menschen in großes Unglück bringen, sobald es Flut wird, versetzte der Deichgraf. *Gewiß habt Ihr dies nicht bei Eurer Tat bedacht. Gebt uns die Tore wieder und fordert ein anderes Geschenk, meinethalben einen Bauernhof, das wäre noch besser, als wenn alle Höfe ins Unglück kämen. Was wollt Ihr auch mit diesen Toren anfangen? An Brennholz mangelt es Euch nicht, wenn Ihr in den nahen Wald geht und dort ein Dutzend Bäume ausreißt und mitnehmt.*

Aber die Tore gefielen mir nun mal, antwortete Langebeenen, *auch kann ich sie gut gebrauchen, denn ich will mir ein Haus bauen, wo ich sie als Fensterladen verwenden könnte. Sie sind so hübsch mit Gold beschlagen und werden mir von weither in der Sonne entgegenleuchten, wenn ich nach Hause komme.*

Wenn Ihr das Haus erst baut, dann seid Ihr ja im Augenblick um die Fensterladen noch nicht verlegen, Langebeenen. Wir aber können keinen Ersatz schaffen, weil schon in wenigen Stunden die Flut und mit ihr das Unheil für uns und unsere Kinder kommen wird. Ich schlage Euch vor, einen Vertrag mit uns abzuschließen: Ihr bringt augenblicklich die Tore wieder zum goldenen Siel zurück und hebt sie dort wieder in die Angeln. Euch aber baut unser bester Zimmermann ein ebenso großes Tor für Euren Neubau als Fensterladen, und wir lassen es mit echtem Gold beschlagen, denn Ihr wißt wohl, daß es den Friesen an Geld und Gut

nicht mangelt. Denn die Tore, die Ihr davongetragen habt, sind nicht mit echtem Gold, sondern mit rotem Kupfer beschlagen.
Da würde ich ja noch einen guten Tausch machen, war es der Riese zufrieden. *Wer garantiert mir aber, daß Ihr Euer Versprechen einhalten werdet, das Euch die Not jetzt so großherzig abnötigt.*
Ich biete mich als Geisel an, trat der Kuhjunge mutig vor.
Ein reicher Bauer mit großer Verwandtschaft wäre mir lieber, meinte Langebeenen.
Der arme Kuhjunge wird von uns den stattlichsten Hof an der Küste erhalten, erklärte der Deichgraf feierlich, *sein ganzes Volk aber fühlt sich mit ihm verwandt.*
Langebeenen lud sich bereits die Sieltüren auf, denn er war mit dem Vertrag zufrieden. Der Zug kehrte zum großen Tor zurück, wo der Riese die Türen wieder in die Angeln hob. Es wurde aber auch höchste Zeit, denn der Flutstrom wandte sich bereits wieder der Küste zu und begann das Watt zu überspülen.
Noch mehr aber als der Deichgraf wurde der arme Kuhjunge im ganzen Land gepriesen. Er blieb als Geisel bei Langebeenen, bis die Friesen ihm die versprochenen, gewaltigen, mit Gold beschlagenen Fensterladen geliefert hatten. Der arme Kuhjunge aber lebte als reicher Bauer noch lange glücklich und zufrieden auf seinem Hofe.

Das Schiff in der Flasche

In einem schmucken Häuschen in einer kleinen Hafenstadt an der Nordsee wohnte einst der alte Freerk-Ohm. Freerk war sein Leben lang zur See gefahren, nun ruhte er von seinem abenteuerlichen Leben aus. Er war bekannt für seine Kunstfertigkeit, Schiffe, Landschaften und kleine Dörfer in Wein- und Bierflaschen aufzuziehen, die dann hinter der grünen oder weißen Glaswand für den Beschauer ein gar wundersames Leben führten. Es war Freerks Geheimnis, wie er die stolz aufgetakelten Fregatten und Dreimastschoner durch den engen Flaschenhals in das weitbauchige gläserne Behältnis hineinbrachte, wo sie unter vollen Segeln auf ihren aus buntgefärbtem Kitt gefertigten Wellen fuhren. Die kleinen Fahrzeuge waren getakelt und ausgerüstet wie wirkliche seetüchtige Schiffe. Es fehlte an nichts, nur daß alles berechnet war für eine Mannschaft von winzigen Wichten. Da stand der Kapitän auf der Brücke und hielt das Sprachrohr an den Mund. In den Wanten hingen die Matrosen, in der Kombüse stand der Smutje und hantierte am Herd. All diese wunderbaren Flaschen verkaufte Freerk-Ohm gegen gutes Geld. Nur eine stand bei ihm auf dem Küchenschrank, die war ihm nicht feil, für kein Geld in der Welt. In dieser Flasche, so sagte er, habe er seinen eigenen Dreimaster nachgebildet, der ihm in einer wüsten Sturmnacht vor Kap Hoorn unter den Füßen versunken war und zum armen Mann gemacht hatte. Er war damals als einziger gerettet worden, aber sein Steuermann, der Koch, die Bootsleute, Matrosen und Jungen, die er kunstfertig nachgebildet hatte, lebten für ihn auf seinem Dreimaster in der Flasche weiter. Das Schiff schwamm auch nicht auf künstlichen Wellen, sondern es trieb in seinem eigenen Behältnis auf einem Becher voll Wasser, wirklichem Seewasser der ›solten See‹. Mit diesem Dreimaster in der Flasche hatte es nun eine besondere Bewandtnis, die Freerk-Ohm vor allen Menschen geheimhielt. Man wußte nur, daß das Flaschenschiff unverkäuflich war, soviel ihm reiche Leute auch schon dafür geboten hatten.

Eines Tages nun kam ein Mann vor dem Hause Freerk-Ohms angefahren, dessen Kutsche mit vier Rappen bespannt war, die prächtige rote Federbüsche auf dem Kopf trugen, während ihre blitzenden Gebisse im Zaumzeug aus purem Silber knirschten. In der Kutsche saß ein vornehmer Herr im schwarzen, goldgebordeten Sammetwams, ihm zur Seite ein vornehmes schönes Fräulein in knisternder rotgoldgeflammter Seide.
Der Herr stieg aus, warf Freerk-Ohm einen Beutel voll Dukaten auf den Tisch und begehrte dafür nichts anderes als das Schiff in der Flasche, das des alten Kapitäns unveräußerliches Kunstwerk war.
Es ist mir unverkäuflich, sagte der alte Freerk-Ohm bedächtig, *wählt für den hundertsten Teil des Geldes, das Ihr dort auf den Tisch geworfen habt, ein schöneres Modell.*
Damit hob er andere Flaschenschiffe von den Borten und hielt sie dem reichen Fremden hin. Der achtete indessen gar nicht auf des alten Kapitäns kunstvolle Modelle und bot mehr und mehr Geld für das eine Flaschenschiff, das Freerk-Ohm seinem untergegangenen Dreimaster nachgebildet hatte.
Ich sagte schon, daß es mir unverkäuflich ist, betonte der alte Kapitän und schob das Geld in einer Ecke des Tisches zusammen, so daß einige Dukaten wie kleine Goldfüchse auf den Boden sprangen.
Da verlegte sich der reiche Fremde aufs Bitten. *Wenn ich das kleine Wunderschiff nicht erwerbe, werde ich niemals die Hand des schönen Fräuleins gewinnen, das in der Kutsche auf mich wartet. Verlangt von mir, was Ihr wollt für den kleinen Dreimaster in seinem Glassarg, die Summe ist Euch von vornherein gewährt.*
Freerk-Ohm wiegte verneinend den Kopf.
Es ist eben für mich kein Sarg mit einem toten Modell, Herr. Versteht mich, begreift es doch.
Wie soll ich das verstehen und glauben?
Ihr könnt es mit erleben, wenn Ihr versprecht, gegen jedermann davon zu schweigen.
Der Fremde versprach unverbrüchliches Schweigen. Da strich Freerk-Ohm mit dem Finger über den Flaschenhals und murmelte:

Water blifft Water, mien Schippke, waak up.
Stürmann den Kurs up Hawaii vörup.
Augenblicklich dehnten sich die gläsernen Wände der Flasche ins Unendliche, wie der wolkenlose Dom eines Tropenhimmels sich über der Südsee wölbt. Das Wasser in der Flasche rauschte auf zum Meer und das Schiff wuchs zur natürlichen Größe eines Dreimastschoners, auf dem die Mannschaft eifrig hin und her lief. Das Schiff näherte sich in rascher Fahrt einer mit Palmen bestandenen Insel, hinter deren Korallenriff nackte braune Menschen bis zu den Knien im Wasser standen und winkten. Auf den Köpfen trugen sie Körbe, hochbeladen mit den herrlichsten Früchten. Dann segelte das Schiff auf anderen Meeren, ankerte im Ganges, steuerte unter der Silberküste von Afrika, kämpfte sich mühsam durch die Eisschollen der Beringstraße, je nachdem, wie der Wunschspruch von den murmelnden Lippen des alten Freerk-Ohm kam. Endlich schrumpfte alles wieder in der kleinen Flasche zusammen, und der Käpten des winzigen Dreimasters stand wie vorher unbeweglich mit dem Sprachrohr am Mund auf der Brücke.
Gar herrliche Fahrten könnt Ihr mit diesem winzigen Fahrzeug unternehmen, auf dem die Zwergenmatrosen nach Eurem Wunsch die Befehle ausführen, staunte der Fremde. *Aber sagt, Alter, was nützt es Euch noch, die Welt in solch abenteuerlicher Weise zu begaffen? Das Alter wühlt lieber in Schätzen, die eine Sicherheit des Lebens ohne Sorge gewähren. Meiner Dame und mir sei das Schiff, Euer das Gold. Und wenn Ihr es jetzt nicht willig herausgebt, dann brauche ich Gewalt.*
Damit griff er kühn mit der Linken nach dem Flaschenschiff und hielt mit der Rechten dem Kapitän die Spitze eines Stoßdegens vor die Brust. Freerk-Ohm ließ sich nicht erschüttern.
Ihr seid hitzig, Herr, mahnte er spottend, *eine kleine Erfrischung wird Euch gut tun.*
Damit besprengte er den frechen Räuber mit Meerwasser aus einem Gefäß, das neben dem Herd stand. Augenblicklich schrumpfte der Fremde zu einem winzigen Wicht zusammen, der sich gut unter einem Fingerhut hätte verstecken können. Dann öffnete

Freerk-Ohm die Flasche und setzte ihn als Schiffsjungen auf den Dreimaster.
Du sollst auf der nächsten Fahrt einmal das Tauende zu schmekken bekommen, drohte er zornig. *Gut, daß ich die Verwandlungskunst im fernen Indien erlernte, wenn ich sie bisher auch zum ersten und letzten Mal gegen einen Menschen angewandt habe.*
Bevor aber Freerk-Ohm mit seinem Dreimaster in der Flasche eine neue Wunschreise unternehmen konnte, auf welcher der reiche Fremde die verdiente Strafe erhalten sollte, kam die Dame in sein Haus, der die Zeit in der Kutsche ohne ihren Kavalier mittlerweile zu lang geworden war.
Wo ist mein Begleiter geblieben? fragte sie erstaunt, als sie Freerk-Ohm allein in seiner Wohnung sah. *Er wollte den berühmten Dreimaster in der Flasche für mich kaufen, dessen wundersame Eigenschaft mir wohl bekannt ist. Eine Möwe aus dieser Hafenstadt, die sich die Schwinge brach und die ich gesund pflegte, hat mir davon erzählt, denn deine Mitmenschen ahnen ja nichts davon, alter kunstreicher Freerk-Ohm. Also verrat' mir, wo ist mein Kavalier?* Freerk-Ohm zeigte brummend auf das gläserne Gefängnis.
Dort sitzt er vor der Kombüsentür, um dem Koch die Kartoffeln zu schälen. Das ist seine Strafe, weil er mir den Trost meines Alters und das beste Werk meines Geistes und meiner Hände mit Gewalt rauben und für Gold an sich raffen wollte.
Die Dame war zunächst bestürzt, dann aber lachte sie hellauf und sagte: *Nun, eine Strafe hat sein Übermut schon verdient, aber ich schätze, daß* er *so unbesonnen nur aus Liebe gehandelt hat. Gebt ihn wieder frei, Alter, Ihr könnt fordern, was Ihr wollt. Nehmt auch die Kutsche mit den herrlich aufgezäumten Rappen. Ich will wohl mit meinem Liebsten zu Fuß nach Hause gehen, wenn Ihr ihn wieder freilassen wollt.*
So leicht ist das nun nicht, kraulte sich Freerk-Ohm verlegen den Kinnbart. *Auch ein böser Wunsch braucht seine Zeit, um sich wieder in sein Gegenteil verwandeln zu können. Wir Menschen tun uns so leicht etwas an, aber schwer ist es stets, einen Schaden*

wieder gutzumachen. Weil Ihr aber so anständig für Euren Liebsten gebeten habt, will ich ihn wieder freilassen, sobald es möglich ist. Er kann aber nicht früher frei sein, als bis der Becher Meerwasser in der Flasche verdunstet ist. Ihr könntet mir in dieser Zeit den Haushalt besorgen, wenn Ihr wollt und es Euch nicht zu gering erscheint.

Die Dame war einverstanden. Sie zog ihr goldgeflammtes, rotseidenes Kleid aus, band sich eine Küchenschürze vor und versorgte den Haushalt des alten wunderlichen Kapitäns, bis das Wasser in der Flasche verdunstet war und ihr Kavalier die Freiheit und seine alte Gestalt wiedergewann. Einige Fahrten aber mußte er in dieser Zeit doch noch als Junge auf dem Dreimaster mitmachen; dabei hatte er auch einen Überfall durch malaiische Seeräuber zu bestehen, von der er zeit seines Lebens eine Narbe über dem linken Auge als Erinnerung an seine Gefangenschaft auf dem Dreimaster in der Flasche behielt.

Die Riesentonne

Vor Zeiten lebte auf einer friesischen Insel ein Segelmacher mit seiner Frau. Jeden Morgen ging er an den langgestreckten Strand, um Holz und Strandgut zu bergen. Eines Morgens fand der Segelmacher nun eine riesige, mit kupfernen Faßreifen beschlagene Tonne, die von der Tide an der Wassergrenze abgesetzt worden war. *Das könnte eine schöne Regentonne abgeben,* dachte der Segelmacher bei sich. *Hoffentlich ist sie nicht leck.* Er ging um das Faß herum, beklopfte es von allen Seiten, konnte aber nirgends einen Sprung oder einen anderen Schaden entdecken. Es gelang ihm, die Tonne ganz auf das Trockene zu rollen, aber um sie nach Hause zu schaffen, reichten seine Kräfte nicht. Er holte daher seine Frau zu Hilfe, und nun rollten beide das große Faß in mühsamer Arbeit durch die Dünen in das Loog zum Hause des Segelmachers.

Es scheint mir, daß das Faß nicht ganz leer ist, meinte der Mann. *Als wir es durch die Dünen hierher rollten, gluckste es so freundlich, als wenn es immerfort ›Prost!‹ und ›Wohl bekomm's!‹ sagen wollte. Hol doch mal ein Gefäß aus dem Hause, liebe Frau. Wir wollen unseren guten Fund einmal anzapfen und probieren.*

Die Frau tat, wie ihr der Mann geheißen hatte, und holte eine Milchkanne. Dann zapfte der Segelmacher das Faß an, und siehe da, ein roter, köstlich duftender Strahl schoß hervor, füllte im Nu die Milchkanne, so daß noch ein Teil in den weißen Sand floß. Die Freude der beiden war groß und ihr Durst nicht minder, denn was aus dem Faß herausfloß, war edler Rotwein, der ihnen gar trefflich mundete.

Zunächst verbrauchten die beiden die köstliche Gabe sehr sparsam, als sie aber merkten, daß die Tonne die wundersame Eigenschaft einer unerschöpflichen Quelle hatte, luden sie auch die Nachbarschaft und zuletzt das ganze Dorf zum fröhlichen Umtrunk ein. Das wurde jetzt ein lustiges Treiben im Dorf, denn der belebende Strahl aus der Tonne schien unversiegbar. Eines Abends stieß man den Zapfen gar nicht mehr in das Spundloch. Ein roter Strom floß in das Meer, und die Leute an der Küste

dachten, ein selten schönes Abendrot habe die Wogen purpurn gefärbt. An diesem Tage geschah es, daß die Insulaner den Segelmacher zum Bürgermeister ihrer Gemeinde machten.
In der Nacht aber, in dem der rote Strom unablässig ins Meer floß, wachte der neue Bürgermeister in seiner Butze auf, stieß seine Frau an und sagte: *Hör doch nur, wie draußen das Meer rauscht. Ich hatte übrigens einen gar zu seltsamen Traum. Es war fast zum Lachen, denn ich meinte, auf unserer guten Tonne in das Meer zu reiten, das vor lauter Wein errötet war wie ein junges Mädchen nach dem ersten Tanz. Das Ende des Traumes war allerdings nicht so heiter, denn ich befürchtete, von meinem, sich ständig drehenden hölzernen Pferd zu gleiten, und hatte Mühe, in dem roten Meer nicht umzukommen.*
Ach was, Träume sind Schäume, antwortete die Frau nur, drehte sich auf die andere Seite und schlief behaglich weiter.
Am anderen Morgen, als sich der Segelmacher den Schlaf ganz aus den Augen gerieben hatte, war das Faß verschwunden. In der Nacht war das Meer bis zum Hause des Bürgermeisters vorgedrungen und hatte mit der Ebbe die Tonne auf seinem schimmernden Rücken davongetragen. Der Segelmacher stürzte an den Strand, wo er zu seiner Freude die Tonne wiederfand. Er versuchte, sie zu bewegen, aber seine Mühe blieb vergeblich; auch als er seine Frau herbeigeholt hatte, wollte es ihm nicht gelingen. Endlich rief man alle Dorfbewohner zur Hilfe, und nun reichten die Kräfte, um in gemeinsamer Arbeit das segenspendende Faß zum Hause des Segelmachers zurückzurollen.
Mit großer Erwartung wurde das Faß wieder angezapft, aber siehe da, die rote Quelle hatte sich in eine weiße verwandelt und statt des Weines floß nun süße und fettreiche Milch in dickem Strahl hervor, als sei die Tonne ein riesiges hölzernes Euter geworden. Die Männer standen zuerst mürrisch herum, lachten dann geringschätzig und gingen fort. Die Frauen dachten anders, holten sich Gefäße und schöpften munter von der weißen Quelle, so sehr die Männer auch über die ewige Milchsuppe maulten.
Zunächst gingen die Insulaner sehr sparsam mit dem weißen Reichtum um. Als sie aber merkten, daß er wiederum unerschöpf-

lich schien, wurden sie gleich wieder verschwenderisch. Die Inselmädchen wuschen sich in Milch und hatten bald den Ruf, die schönste Haut weitum im Lande zu haben. Eines Tages hielt man es nicht mehr für nötig, das Spundloch zu schließen und ließ den weißen Strom ungehindert bis in das Meer fließen. Weil es Mittag war und ein heißer Mittsommertag, verdunstete die Milch zu einem weißen Schleier. Die Leute an der Küste sagten untereinander: *Wie kann denn nur mitten im Sommer ein so dicker milchweißer Nebel aufkommen.* In der Nacht darauf träumte der Frau des Segelmachers, daß sie auf dem riesigen Milchfaß in das Meer geritten und fast in der weißen Flut umgekommen sei. Als sie am Morgen munter wurde, führte ihr erster Weg hinter das Haus, um nach der großen Tonne zu sehen. Ihre Ahnung hatte sie nicht getrogen. Das Faß war verschwunden, aber wie erleichtert waren beide, als sie und ihr Mann es am Strande wiederfanden. Alle Dorfbewohner halfen mit, um es zum Hause ihres Bürgermeisters zurückzubringen, wo sie es voller Erwartung gleich wieder anzapften. Viele Frauen hielten schon die Milchkannen bereit, aber ach, diesmal schoß nur klares Wasser aus dem Spundloch. Es war zwar köstlich reines klares Quellwasser, aber eben doch weiter nichts als Wasser.

Der Bürgermeister geriet über eine solche Heimsuchung, die er eine undankbare Laune des Schicksals nannte, in große Wut. In seinem Zorn befahl er, das Faß sofort ungehindert auslaufen zu lassen. Nun strömte die Tonne ihren klaren Inhalt aus. In den Dünentälern sprossen die Blumen, und längst welke Halme wurden wieder frisch. Ein Teil des Wasserstromes verdampfte zu weißen Schönwetterwölkchen, die hoch über Meer und Insel standen.

In der Nacht, die diesem Tage folgte, träumten der Bürgermeister und seine Frau, daß sie zusammen auf dem Faß in das Meer geritten und fast darin umgekommen seien.

Am Morgen war die Riesentonne zum dritten Male verschwunden. Sie fand sich an derselben Stelle am Strande wieder, aber diesmal konnten der Bürgermeister und seine Frau sie ohne viel Mühe allein zum Hause zurückrollen. Die Tonne aber war und blieb leer und wenn man dagegen pochte, sagte sie mit hohler

Stimme: *Schluß, Schluß, Schluß!* In seinem Unmut wollte der Bürgermeister die Tonne zu Brennholz zerschlagen, aber seine Frau hinderte ihn.
Bedenk doch, lieber Mann, wie sehr uns immer eine große Regentonne gefehlt hat. Weißt du noch, daß du sie damals, als du die Tonne zum ersten Mal am Strande fandest, eigens zu diesem Zweck nach Hause schaffen wolltest, und wie froh du über diesen Fund gewesen bist.
Verdrossen gab der Bürgermeister sein Vorhaben auf und ließ die Tonne liegen, wo sie lag. Nun gab es aber einen heißen Sommer wie seit hundert Jahren nicht. Um die Mittagszeit wurde der weiße Sand so heiß, daß man Eier darin backen konnte. Alle Brunnen und Regenbacken trockneten aus, und die Schafe verdursteten auf den spärlich bewachsenen Weiden. Die Insel geriet in große Not und die Insulaner mußten Durst leiden, obwohl das Eiland mitten im Meer gelegen war, denn das Wasser der See ist salzig. Ein Eimer voll Süßwasser wurde zu einer Kostbarkeit.
Die Einwohner des Inseldorfes maßen alle Schuld dem Bürgermeister zu, weil er das Riesenfaß hatte auslaufen lassen. An ihre eigene Verdrossenheit, Verschwendung und Undankbarkeit dachten sie nicht. Der Bürgermeister wurde abgesetzt und war wieder wie vordem Segelmacher.
Eines Tages aber, als die Dürre schier unerträglich werden wollte, verdüsterte sich der sonnendurchflammte Himmel. Wolken ballten sich zusammen, und ein Sturzregen fiel vom Himmel nieder. Der Segelmacher und seine Frau stellten schnell die Riesentonne unter die Dachtraufe auf und sagten zueinander: *Wie gut, daß wir nun das große Faß haben, um genug von dem köstlichen Naß aufzufangen.*
Am anderen Tag war schon wieder strahlender Sonnenschein und die Hitze fast noch ärger als vor dem Wolkenbruch, aber sie machte dem Haushalt des Segelmachers nur noch wenig Sorge, denn das Faß war bis zum Rande mit Wasser gefüllt. Wenn er sparsam damit wirtschaftete, konnte er eine ganze Zeit mit dem Wasser auskommen und auch den Nachbarn über die schlimmsten Wochen helfen.

Allmählich wurden auch die Insulaner wieder anderen Sinnes. Sie wählten den Segelmacher erneut zum Bürgermeister. Und wirklich, sie hätten keinen besseren finden können, denn der Segelmacher hatte, was selten geschieht, hinzugelernt und war durch Schaden klug geworden. Fortan ging er haushälterisch mit allen Dingen um, die das Meer als Segen schenkte, und die Insulaner suchten es ihm gleichzutun.

Der Heringskönig

Einst gelang einem Nordseefischer ein gewaltiger Fang. Er war mit seinem Fahrzeug mitten in einen riesigen Heringsschwarm geraten, so daß rings um sein Schiff mehr Heringe als Wellen waren. So brauchte er mit seinen Fahrtgenossen nur im Schiff zu bergen, was es eben zu tragen vermochte, um dann den schwer gewordenen Kutter glücklich wieder in den Hafen zu bringen. Ja, sie wollten schnell nach Hause, um rasch wieder zu dieser so ergiebigen Fangstelle zu fahren. Bevor jedoch der letzte Korb voll Heringe im Raum verstaut war, brachte der Junge dem Schiffer einen ganz besonders großen Fisch, der ein winziges Krönlein über den klugen Augen trug.

Laß mich wieder in mein Reich zurück, bat der Fisch. *Wenn du mich frei läßt, will ich dafür sorgen, daß du allein mit deinem Fahrzeug den ganzen Schwarm als Fang einbringen kannst. Das wird dich zu einem reichen Manne machen.*

Der Schwarm scheint mir auch so sicher, spottete der Fischer. *Du selbst bist ein feines Spielzeug für meinen Jungen, der dich in einen großen Glasbehälter setzen kann und dich gut füttern wird.*

Alles Klagen und Drohen des Heringskönigs nutzte nichts. Der Fischer nahm ihn mit nach Hause und schenkte ihn seinem zwölfjährigen Sohn, der den seltenen Fisch dann auch wirklich in einen großen Glasbehälter mit Seewasser setzte und ihn im übrigen sehr gut behandelte. Pünktlich erhielt der Fisch sein Futter, und das Wasser im gläsernen Bassin wurde so oft erneuert, wie es nötig war. Viele Leute kamen, um den gefangenen Heringskönig anzustaunen. Der alte Dorfschulmeister war dafür, ihn wieder freizulassen, aber die Fischer wollten nichts davon hören, denn der gefangene König schien die Heringsschwärme vor die Küste zu treiben. Es war, als ob die führungslos gewordenen Fische ihren König nicht verlassen wollten.

Ein Schwarm von Millionen Heringen stand nun schon seit Wochen bis in die Hafeneinfahrt und brachte anfangs einen bis dahin nicht gekannten Wohlstand in das Land. Es dauerte aber nicht lange, da wurden die Menschen übermütig. Bald gab es so

viel Heringe, daß niemand mehr sie kaufen wollte. Man begann mit dem Fisch, den man auch nicht mehr essen mochte, das Land zu düngen. Der Heringskönig in seinem gläsernen Käfig aber sprach nie wieder ein Wort, so begierig der Knabe auch darauf wartete. Zu seinem Kummer bemerkte der Junge, daß der winzige rote Kronreifen des Fisches immer mehr verblaßte. *Ich werde dir heimlich die Freiheit wiedergeben und dich wieder in die Nordsee lassen,* sagte er deshalb eines Tages. Da öffnete der Fisch zum ersten Mal seit seiner Gefangenschaft den Mund und antwortete: *Dein Vater und die anderen Fischer des Dorfes werden dich dafür strafen.*

Ich will es auf mich nehmen, erklärte der Junge. *Ich kann es nicht mehr mit ansehen, daß dein Krönlein von Tag zu Tag mehr verblaßt.*

Ich danke dir für deine Hilfe, aber sie wird bald nicht mehr vonnöten sein. Sag mir, wann wir Neumond haben.

Das muß schon in einer der nächsten Nächte sein.

Nun, dann wird die Springtide mir und meinem Volke helfen, deiner Hilfe bedarf es nicht mehr, aber für deinen guten Willen danke ich dir.

Der Junge grübelte darüber nach, was der Heringskönig mit seinen Worten wohl gemeint haben mochte und warum er die angebotene Hilfe verschmäht hatte, aber er begriff den Sinn der Worte nicht. Eine bange Sorge erfüllte ihn dennoch, als ob ein großes Unglück bevorstünde, aber er wurde sich nicht klar darüber. Und wirklich, schon in der dritten Nacht war die Springtide da und gefährdete mit einem bis dahin noch nicht erlebten Wasserstand Deich und Land. Das Wasser stieg unaufhörlich und würde bald die Deiche durchbrochen haben und alles Land, das dahinter geborgen lag, überschwemmt haben.

In dieser Not erinnerte sich der Junge des Fischers der dunklen Worte des Heringskönigs, daß er seiner Hilfe nicht mehr bedürfe, da die Springtide ihm helfen würde. Schnell rannte der Knabe zu seinem alten Lehrer, der schon immer von der Gefangenhaltung des Fischkönigs abgeraten hatte und erzählte ihm, was der Heringskönig gesagt hatte.

Gut, daß du zu mir kommst, lobte der alte Lehrer, *vielleicht ist für uns alle noch Hilfe möglich. Die Springtide wird den Heringskönig befreien, der sich zugleich furchtbar für das, was man ihm antat, rächen wird. Komm, laß uns beide schnell zu eurem Hause gehen und den Fisch in sein Element zurückbringen.*

So geschah es, und sie trugen gemeinsam das Glasgefäß über den Deich, hinter dem sich ratlose Menschen zusammenfanden, die nicht wußten, wie man des Unglücks Herr werden sollte. Kaum aber war der Fisch in sein Element zurückgebracht, da begann auch sogleich die Flutwelle zu sinken und hatte nach einer Stunde den gewohnten Stand erreicht. Befreit atmeten da die Menschen auf und wußten dem alten Lehrer und dem Jungen nicht genug Dank für ihre rettende Tat. Der Hering aber blieb seit dieser Zeit den Küsten fern, die er bisher gesegnet hatte, und in den Dörfern hinter den Deichen schwand der Reichtum in den Fischerhäusern so schnell, wie er gekommen war. Weit in See mußten die Fischer nun wieder fahren und Schiff und Leben wagen, wenn sie einen lohnenden Fang mit nach Hause bringen wollten. Dem Jungen aber, der mit dem alten Lehrer zusammen den Fisch ins Meer zurückgetragen hatte, ist es sein Leben lang gutgegangen.

Ostertide

Die Osterfeuer auf den Deichen, die in der Nacht wie die goldenen Zacken einer Königskrone über Land und Meer geleuchtet hatten, waren längst erloschen. Nun stieg der Morgen in strahlender Frische aus der Flut, die wie ein gehämmertes blankes Schild unter der Sonne schimmerte.

In dieser Stille des frühen Ostermorgens, in der noch alle Gräser einen blitzenden Diamantschmuck trugen, wanderte Fenna am Saume des Meeres entlang. Fenna war Kleinmagd bei einem Marschbauern und heute so früh aufgestanden, um die erste zu sein, die am Ostermorgen das Meer abschritt. Es hieß, daß die Ostertide zuweilen ein besonderes Geschenk der See an Land trieb. Fenna glaubte daran, obwohl die Großmagd sie verspottet hatte, und schritt munter aus.

Und wirklich, sie mochte kaum eine Stunde gegangen sein, da hemmte ein freudiges Erschrecken ihre Schritte. Ganz nahe am Ufer trieb ein riesiges weißes Ei auf der Flut, das mit einem goldenen Reifen in der Mitte gezeichnet war. Fenna zog die Schuhe aus, schürzte die Röcke, stieg ins Wasser und barg das seltsame Osterei. Als sie es aber den Deich hinaufrollen wollte, brach die weiße Hülle und ein weißer Schwan dessen linker Fuß mit einem goldenen Ring bereift war, entstieg der Schale.

Ich danke dir, sagte der stolze Vogel, *daß du die Schale zerbrochen hast, denn nun brauche ich nur noch ein Jahr auszuharren, ehe ich ganz erlöst werden kann. Willst du auch das vollbringen, so streif den Ring von meinem Fuß und verwahr ihn gut bis zur Ostertide des nächsten Jahres. Wenn dann die Osterfeuer brennen, mußt du über das Feuer springen und den Ring, der mich in diese Gestalt gebannt hat, dabei ins Feuer werfen.*

Wer bist du, und wie kommst du zu dieser seltsamen Verwandlung? antwortete Fenna verstört. *Gern will ich dir helfen, aber du sollst mir die Wahrheit sagen, damit kein Mißtrauen mein Herz betrüben kann.*

Ich will dir ehrlich antworten, aber versprich mir wenigstens, daß du nicht zu hart über mich urteilen wirst.

Das will ich dir gern zusagen, antwortete Fenna, denn die Stimme des wilden Schwanes, das einzig Menschliche an dem prächtigen Vogel, berührte ihr junges Herz.
Ich bin der Sohn eines reichen Inselvogtes und hatte viel Zeit zum Müßiggang. Meine Lieblingsbeschäftigung war es, die Gelege der Möwen und der anderen Wasservögel zu zerstören, obwohl mein Vater es mir streng verboten hatte, denn er liebte das Getier, das zu Tausenden und Abertausenden auf unserer Insel nistete. Eines Morgens nun, als ich in frevlem Übermut über hundert frische Gelege zertreten hatte und die Möwen in einer silbernen Wolke über meinem Haupte schrien und klagten, als wenn sie mich mit einer einzigen Stimme verwünschten, wurde ich auf einmal verwandelt. Als Schwan wurde ich in diese Eischale eingeschlossen und zum Zeichen meiner Fesselung ein goldener Reif über meinen Fuß gestreift. Über ein Jahr lang trieb ich schon auf dem Wasser herum, bis mich die Ostertide hier an Land warf. Da ich nun selbst in einen wilden Schwan verwandelt war, konnte ich auch die Sprache der Vögel verstehen. So erfuhr ich, wann und wie ich wieder erlöst werden könnte. Gern will ich nun noch ein Jahr in dieser Gestalt verharren und alle Gefahren eines wilden und vogelfreien Lebens auf mich nehmen, wenn ich nur endlich wieder zu den Menschen zurückkehren darf.
Fennas gutes Herz war tief gerührt über dies leidvolle, wenn auch nicht unverdiente Schicksal. Sie war fest entschlossen, den Sohn des Inselvogtes zu erlösen. Sie nahm den Ring an sich, knotete ihn in ihr Haarband und verabschiedete sich von dem Schwan, der sie noch ein Stück Weges hoch oben in der Luft begleitete und dann auf das Meer hinausflog. Treulich verwahrte Fenna den schmalen Reifen, an dem solch ein wundersames Schicksal hing. Sie trug ihn stets bei sich, und oft tastete sie mit der Hand danach, ob er auch noch da war. Aber ein Mißgeschick wollte es, daß sie den Ring doch eines Tages bei der Feldarbeit verlor. Fennas Trauer war grenzenlos, denn trotz eifrigen Suchens fand sie den Ring nicht wieder. Ihre Wangen wurden blaß, und ihre Augen verloren allen Glanz, aber niemandem verriet sie die Ursache ihres Kummers. Die Großmagd quälte sie oft, ihr doch einzugeste-

hen, daß sie Liebeskummer habe, aber Fenna wich allen Fragen standhaft aus. So verging der Sommer, und der Herbst nahte, in dem die Bauern die Frucht in die Scheunen schafften. Fenna war bei ihrem Bauern wohlgelitten, denn sie war fleißig und ehrsam und von guter Herkunft.

Eines Tages saß Fenna beim Kartoffelschälen und hatte gerade eine gelbe Knolle mittendurch geschnitten, als sie plötzlich laut aufschrie. Die Großmagd erschrak, denn sie dachte, Fenna habe sich verletzt. Sie aber hielt vor Freude weinend einen kleinen goldenen Ring umschlossen, der in die Frucht hineingewachsen war. Im Übermaß ihres Glücks erzählte Fenna nun der Großmagd die Geschichte des Ringes, den sie durch eine so glückliche Fügung wiedergefunden hatte.

Du kannst dich wohl wirklich ein Glückskind nennen, sagte die Großmagd, aber der Neid glomm dabei in ihren Augen, denn sie dachte, daß so etwas ihr als Großmagd doch wohl viel eher zustände als der Kleinmagd.

Fenna barg nun den Ring in ihrer Kleidertruhe, um ihn nicht noch einmal zu verlieren. Jetzt wurden ihre Wangen wieder rot, und ihre Augen bekamen den frohen Glanz zurück. Sie konnte kaum die Zeit abwarten, daß der Winter verging und der Frühling mit den ersten Blumen seine feinen Knospen aus der Erde drängte. Endlich, endlich, nahte die Osterzeit, und mit ihr zogen Hoffnung und erwartungsvolle Seligkeit in Fennas Herz.

Sie sah auf dem Kalender nach: Die Ostertide würde gegen zwölf Uhr nachts den höchsten Wasserstand erreicht haben. Nur noch zwei Tage trennten sie von dem ersehnten Tag. Sie wollte sich noch einmal des goldenen Ringes in der Truhe vergewissern, aber wie erschrak sie, als sie bemerkte, daß er verschwunden war. Wohl hundert Mal durchsuchte sie Truhe und Kammer, aber der Ring war und blieb ein zweites Mal verschwunden.

Fennas Trauer und Verzweiflung waren fast noch größer als beim ersten Mal, als sie den Ring auf dem Felde verloren hatte. Der Verlust war damals mit rechten Dingen zugegangen, aber jetzt mußte sie fast glauben, daß eine böse Hand im Spiele sei.

Je näher nun die Osternacht herankam, desto größer wurde Fennas Verzweiflung, während die Großmagd immer übermütiger wurde. Sie schleppte sogar ihr eigenes Bettstroh mit heraus, als auf dem Deich mit alten Teerfässern, Teek und Gestrüpp die Haufen für die Osterfeuer geschichtet wurden.
Du wirst hernach auf einem harten Lager schlafen müssen, erstaunte Fenna über das Treiben der Großmagd, aber diese antwortete nur vieldeutig: *Man liegt so, wie man sich bettet. Wer sich auf Dummheit bettet, kann sich mit Klugheit nicht zudecken.*
Als die Sterne funkelnd über Land und Meer standen und die Osterfeuer auf dem Deich entzündet waren und ihren roten Schein über die Nordsee sandten, ging auch Fenna auf den Deich und sah mit tränenblinden Augen in die zuckende Glut.
Gegen den Fuß des Deiches rauschte leise die Ostertide. Fenna war es, als ob auch in ihrem Herzen das Blut wie in geheimnisvoller Tide aufstieg. Einmal meinte sie, daß eine Hand sacht ihren Scheitel berührte. Aber als sie aufblickte, erschrak sie, denn sie sah einen Vogel, der sie mit sanftem Flügelschlag berührt hatte. Da strömte aus ihren Augen eine heiße Tränenflut, denn sie hatte den wilden Schwan erkannt, der über dem Osterfeuer seine stillen Kreise zog. Fenna hörte wie durch einen Schleier das Lachen der Großmagd, die sich zum Sprung über das Feuer rüstete, aber keinem Burschen dazu die Hand geben wollte. Plötzlich schrien alle Umstehenden auf, denn die Kleider der Großmagd, die etwas in das Feuer geworfen hatte, waren während ihres Sprunges von den Flammen erfaßt worden. Sie mußte mit schweren Verbrennungen nach Hause gebracht werden.
Aus den Lüften aber rauschte es, und ein wilder Schwan senkte sich vor Fenna nieder. Das Gefieder des Vogels sank zur Erde, und vor dem Mädchen stand ein frischer Jüngling, der sie an der Hand ergriff und sie mit sich zum Sprung über das Osterfeuer riß. Der Sohn des Inselvogtes war nun doch erlöst, denn die Großmagd hatte den Ring aus der Truhe gestohlen, um selbst die Braut eines reichen Freiers zu werden. Fenna und der Sohn des Inselvogtes wurden nun ein Paar und lebten lange glücklich miteinander. Fennas Bräutigam aber wurde nach dem Tode des Vaters

der Vogt der großen Nordseeinsel und zum Hüter und Heger der brütenden Meeresvögel und ihrer Gelege.

Der Schlittschuhläufer

In Friesland wurde einst ein großer Wettstreit im Eislauf ausgeschrieben. Es galt, als Erster eine Eisbahn zu durchmessen, die im Sommer den Torfschiffen als Kanal vom Hochmoor zur Stadt diente und nun unter dem blauweißen Panzer des Eises lag. Als Preis aber winkte dem Sieger eine der besten Milchkühe des Landes, der man zudem die Hörner vergoldet hatte.

Sehr gerne hätte sich auch Gerrit, der Sohn eines armen Schusters, an dem Wettlauf beteiligt, denn er war gewandt an Körper und Geist, aber seine Eltern vermochten ihm keine Schlittschuhe zu kaufen.

Betrübt wanderte er aus der Stadt hinaus, mied den Kanal, auf dem sich die fröhliche Jugend tummelte, und wandte sich einem Gehölz zu, hinter dem die Zinnen einer alten Wasserburg aufragten. Er war kaum eine halbe Stunde gegangen, da begegnete ihm ein altes Mütterchen, das unter einer Holzlast seufzte, die es im Walde zusammengelesen hatte. Gerrit hatte ein gutes Herz und bot der Alten an, ihr die Last nach Hause zu tragen. Das Mütterchen wohnte in einer kleinen Hütte am Rande der Stadt, wo Gerrit das Holz an ihrem Herde niederwarf. Als er schon fortgehen wollte, hielt ihn die Alte zurück und fragte, weshalb er so traurig sei. Da vertraute ihr Gerrit seinen Kummer an. Die Alte tröstete ihn, holte aus einem Winkel zwei kunstvoll geschnitzte Pferdeknochen hervor und zeigte ihm, wie er sie mit je zwei Bändern als Schlittschuhe unterschnallen konnte.

Damit wirst du auf dem Eise so schnell dahinjagen können wie ein Reiter mit verhängten Zügeln auf guter Straße. Hüte dich aber, damit unter einer Brücke hindurchzulaufen, die über den Kanal hinwegführt. Du mußt dir Zeit gönnen und vor und nach jeder Brücke die Schlittschuhe ab- und wieder anschnallen. Dabei darfst du kein Wort sagen, wenn du nicht einbrechen und elendiglich ertrinken willst.

Gerrit dankte der Alten und machte sich frohgemut auf den Weg zum Kanal, der bei den Torfschuppen der Stadt seinen Anfang

nahm. Hier bereiteten sich unter viel Geschrei und Jubel schon die Wettläufer vor, um den großen Preis von Friesland zu gewinnen.
Gerrit hielt seine seltsamen Schlittschuhe mit der Hand hinter dem Rücken und meldete sich bescheiden für den Wettlauf. Man lachte ihn aus, aber zuletzt gewährte man ihm doch seine Bitte und hoffte wohl, daß dadurch der Wettlauf auch noch seine heitere Seite bekommen würde. Unter dem Gelächter der Mitläufer, die ihre funkelnagelneuen Eisen an die Stiefel geschnallt hatten, schnürte sich auch Gerrit seine Pferdeknochen unter, die die Alte noch mit einer geheimnisvollen Salbe bestrichen hatte, bevor er fortgegangen war.
Auf ein gegebenes Zeichen liefen endlich die Wettläufer los, aber allen voran flog Gerrit über die glitzernde Bahn, die unter ihm wie ein schimmernder Kristallboden davonglitt, als berührten seine Sohlen kaum das Eis. Bald blieben die übrigen Wettläufer weit hinter ihm zurück. Ihre spöttischen Ermunterungen verstummten und wichen Erstaunen und Überraschung. Es dauerte indessen nicht allzulange, da kam eine Brücke in Sicht, die sich mit schwarzgeteertem Holzgebälk über den Wasserlauf spannte. Gerrit sah zurück, seine Mitläufer waren weit hinter ihm, durch das An- und Abschnallen der Schlittschuhe würde er jedoch viel Zeit verlieren. Er mußte sich sputen, aber eingedenk der Mahnung des Mütterchens hielt er vor der Brücke an und begann, seine Knochengleiter vom Schuh zu lösen. Unter der Brücke lag eine verletzte Katze und schrie jämmerlich um Hilfe. Gerrit dachte, daß sie unter den Eisen der Wettläufer zu Tode kommen würde. Er nahm seine seltsamen Gleiter in die Hand, lief schnell unter die Brücke und barg das Tier am sicheren Ufer. Unter seinen Füßen krachte die Eisdecke mehrmals, aber ehe er einbrechen konnte, hatte er das Tier und sich in Sicherheit gebracht. Schnell lief er am Ufer um die Brücke herum und band an der anderen Seite die Pferdeknochen wieder unter die Sohlen. Da sausten auch schon die ersten Mitläufer um den großen Preis von Friesland an ihm vorbei und spotteten, er habe doch wohl Pech mit seinen alten Knochen gehabt.

Gerrit gab keine Antwort, aber gleich darauf flog er wieder die Eisbahn entlang; und bald hatte er die übrigen Läufer überholt und weit hinter sich gelassen. Eine Zeitlang glitt er so dahin, als trügen ihn silberne Schwingen, und ein Jubel erfüllte sein Herz. Dann aber mußte er jäh die rasende Fahrt stoppen, denn hinter der Kanalbiegung am Gehölz führte eine zweite Brücke über die Bahn. Gerrit sah sich um. Seine Mitläufer waren wieder weit zurückgeblieben, aber nicht so weit wie bei der ersten Brücke. Er fuhr langsam bis an die ersten Brückenstreben und ließ sich auf ein Knie nieder, um abzuschnallen. Da sprach ihn ein eisgraues Männlein an, das oben auf der Brücke stand.
Hör einmal, Wettläufer. Mir ist durch ein Loch in den Brückenbohlen ein Beutel mit Goldstücken auf das Eis gefallen. Ich bin alt und fürchte mich. Wenn du mir den Beutel heraufbringst, soll die Hälfte dir gehören als Finderlohn. Du könntest dir zehn Kühe dafür kaufen und müßtest dich um den großen Preis von Friesland nicht mehr anstrengen.
Gerrit sah zurück, ganz nahe waren seine Mitläufer schon wieder herangekommen. Einer von ihnen würde gewiß den Beutel des Alten aufheben, klugerweise auf das Rennen verzichten und ihm das Nachsehen überlassen. Gerrit galt aber die Ehre mehr als das Gold. Er antwortete dem Alten nicht, band rasch die Pferdeknochen ab, lief um die Brücke herum und band sie rasch wieder unter die Sohlen. Er hatte sich aber doch soviel Zeit abgewinnen lassen, daß schon die letzten der Läufer an ihm vorbei waren, als er das Eis betrat und zum Endlauf startete.
Es dauerte jedoch nicht lange, da überholte er einen nach dem andern und flog bald wieder als erster dem Endziel zu. Gerrit hätte nicht an seinem Sieg gezweifelt, wenn nun nicht eine dritte Brücke in Sicht gekommen wäre. Er glitt in rasender Fahrt darauf zu, um möglichst den Zeitverlust auszugleichen, den das An- und Abschnallen der Pferdeknochen jedesmal verursachte.
Vor der Brücke kniete er nieder, um abzuschnüren, aber eine helle Stimme von der Brücke brachte ihn schnell wieder auf die Beine. Da beugte sich über das Brückengeländer ein junges Mädchen, das er vorher in der Eile des Laufes nicht bemerkt hatte. Es bat

ihn, ihm doch das goldene Ringlein zu bringen, das ihm vom Finger geglitten und zwischen den Bohlen der Brücke hindurch auf das Eis gefallen sei.
Ich laufe um den großen Preis von Friesland und habe keine Zeit zu verlieren, dachte Gerrit, aber weil ihn die junge Frau mit so leuchtenden Augen ansah, kümmerte er sich überhaupt nicht um seine Mitläufer, die schon nahe heran waren, sondern schüttelte rasch die Pferdeknochen ab und brachte der Wartenden den verlorenen Goldreif. Das Mädchen wunderte sich, daß Gerrit keine Antwort gab, als es nach seinem Namen fragte. Gerrit selbst war der Mahnung des alten Mütterchens eingedenk und fragte auch nicht, obwohl es ihm auf der Seele brannte zu erfahren, wie das Mädchen wohl heiße und wo es zu Hause sei. Er gab der Überraschten kühn einen Kuß und sprang dann wieder zum Ufer zurück, um sich seine Gleitknochen anzuschnüren.
Seine Mitläufer sah er bereits weit voraus als dunkle Punkte vor den Augen verschwimmen. Darum aber gab er das Rennen noch nicht auf, zumal ihn der Aufenthalt für das Mädchen auf der Brücke nicht reute, wenn er deswegen auch den großen Preis verlieren sollte. Er setzte alle Kraft daran und schoß wie ein Pfeil über die Eisfläche dahin. Seine Mühe wurde belohnt, es gelang ihm zuguterletzt doch noch, als Erster mit der Hand an das Ziel zu schlagen. Der große Preis von Friesland wurde ihm zuerkannt. Froh trieb er die schwere Milchkuh mit den vergoldeten Hörnern seiner Heimatstadt zu und kehrte zuerst in der Hütte der Alten ein.
Ich habe gewonnen, Mütterchen, der Preis ist mein.
Das freut mich, mein Sohn, aber bei mir ist bittere Not im Haus. Feuerung für den Herd habe ich zwar, aber keinen Tropfen Milch im Topf, der meinen Hunger stillen könnte.
Da erbarmte sich Gerrit der Alten und schenkte ihr die Milchkuh, die er mit Hilfe der seltsamen Schlittschuhe gewonnen hatte, denn er dachte, daß er jung sei und sich besser als die Alte von Arbeit nähren könne. Er vertraute ihr auch sein Erlebnis bei der dritten Brücke an und fragte die Alte um Rat, wie er Namen und Wohnung des Mädchens erfahren könne.
Frag nur die Kuh mit den goldenen Hörnern, aber du mußt war-

ten, bis zu den Zwölf Nächten, die nahe bevorstehen. In diesen Nächten zwischen zwölf und eins können gute Menschen die Sprache der Tiere verstehen.

Gerrit lebte nun bis zum Anbruch der Zwölf Nächte in der Hütte der Alten. Als sich dann die erste dieser Nächte sternschimmernd über Marsch und Meer herabsenkte, ging er in den Stall, kraulte die Schwarzbunte zwischen den vergoldeten Hörnern und fragte, wo das Mädchen auf der Brücke wohne. Als er es erfahren hatte, machte er sich noch in derselben Nacht auf den Weg.

Das Mädchen war die Tochter eines reichen Marschbauern. Als Gerrit nach seiner nächtlichen Wanderung den Bauernplatz erreichte, hatte die Morgensonne bereits rote Feuer in den Fenstern entzündet. Nur noch einmal wollte er das Mädchen sehen und dann für immer aus dem Lande gehen, damit niemand ihm nachsagen könne, er habe nach Geld und Gut gefreit. Sie aber ließ ihn nicht wieder laufen, denn sie sagte: *Wem es mehr gilt, einem Menschen ohne Dank Gutes zu erweisen, als ein Rennen zu gewinnen, dem kann ich ohne Sorge Herz und Zukunft anvertrauen.*

Die Schlittschuhe aus Pferdeknochen aber hielt Gerrit zeit seines Lebens in Ehren, und er wurde als der beste Schlittschuhläufer im friesischen Land gepriesen.

Die wundersamen Holzschuhe

In einem Hafendorf an der Küste lebte einst ein Holzschuhmacher, der vergebens um die Tochter eines reichen Lotsen freite. *Erst mußt du meiner Tochter goldene Klumpen anziehen können,* spottete der Lotse. *Sieh zu, ob du welche machen kannst.*
Das konnte der Klumpenmacher natürlich nicht, obwohl er als geschickter Handwerker galt, der wohl sein Brot verdiente.
Da begab es sich, daß der Klumpenmacher den Besuch eines alten Mütterchens erhielt, die ihn um ein Paar neue Holzschuhe bat und ihm dafür ihre alten, abgetretenen zum Tausch anbot.
Das wäre ein schlechter Tausch, Moderke, sagte der Klumpenmacher, *aber darum sollt Ihr doch ein neues Paar Holzschuhe von mir haben. Sucht Euch nur das passende Paar. Eure alten Klumpen könnt Ihr in den Torfkasten am Herd werfen oder sie mitnehmen und Euch einen Topf voll Milch darauf kochen.*
Das Mütterchen lächelte, wobei alle Runzeln in ihrem Gesicht lebendig wurden, streifte die alten Holzschuhe ab und suchte sich ein neues Paar. Es war aber das schönste, das der Klumpenmacher bisher angefertigt und das er heimlich seiner Liebsten zugedacht hatte.
Na, nehmt es schon, sagte er, ohne von der Arbeit aufzusehen, denn ihn dauerte die Alte, und er glaubte nicht, daß er einen Pfennig für seine Ware bekommen sollte. Das Mütterchen aber fragte nach seiner Schuldigkeit.
Es ist schon gut, Mutter, nehmt die Klumpen nur getrost so mit nach Hause.
Dann will ich dir doch meine alten Holzschuhe hier lassen, lächelte die Alte. *Ich brauche sie nicht mehr, mir haben sie gut gedient, und dir können sie noch von großem Nutzen sein.*
Nun übertreibst du aber, lachte der Klumpenmacher laut, *aber ich will Euch nicht kränken, stellt Eure alten Klumpen nur auf das Wandbord.*
Als Klumpenmacher sitzt du mit dem Rücken zum Licht, das erfordert dein Beruf, aber sei nicht töricht und sitz dir selbst im Licht. Mit den alten Holzschuhen, die ich dir hier lasse, hat es

nämlich seine eigene Bewandtnis. Es sind zwar keine goldenen Klumpen, aber dafür recht wundersame, die sogar einen Namen tragen. Der Rechte heißt nämlich ›Stapp-up't-Land‹ und der Linke ›Stapp-up't-Water‹. Wenn du damit an den Deich gehst und die Ebbe beginnt zu laufen, so brauchst du nur sagen:

Stapp-up't-Water, Bulgenrieder
Bring mi 'n bietje wieder, wieder.

Dann tragen dich die Holzschuhe über das Wasser, wohin du willst. Sagst du aber zu Stapp-up't-land:

Stapp-up't-Land van'd Waterkant,
Bring mi 'n Endje over 't Land,

so bringen dich die Klumpen landeinwärts, wohin du möchtest, ohne daß dir von der Reise die Beine wehtun werden. Du mußt aber wissen, daß du dies nur befehlen kannst, wenn die Flut zu steigen begonnen hat. Zuletzt ist noch eins zu bedenken. Wenn du willst, daß die Klumpen anhalten sollen, dann sag:

Stapp-up't-Land un Stapp-up't-Water,
Bulgenrieder, Waterkant,
staht nu still up See un Land.

Mit diesen Worten trat die Alte in ihre neuen Holzschuhe, ließ ihre abgetretenen Holschen neben der Haustüre stehen und ging davon.

Am Abend dachte der Holzschuhmacher: *Du willst doch sehen, ob etwas dran ist an den Worten der Alten*. Er nahm die Klumpen in die Hand und ging damit an den Deich, hinter dem auch das prächtige Anwesen des Lotsen lag. Im Vorgarten harkte die Tochter des Hauses die Wege, denn es war gerade Sonnabend. Sie winkten sich heimlich zu, denn der Lotse hatte jede Beziehung zwischen den beiden Liebesleuten verboten.

Am Wasser angekommen, trat der Klumpenmacher in die alten Holschen und sagte seinen Spruch für Stapp-up't-Water, zumal die Ebbe zu laufen begonnen hatte. Augenblicklich fuhren ihn die Holschen wie zwei winzige Boote auf dem Wasser spazieren, daß es eine Lust war. Nun erkannte der Holzschuhmacher erst, was für ein kostbares Geschenk ihm das Mütterchen gemacht hatte. Er hatte aber nicht bemerkt, daß der Lotse hinter der Deich-

kappe heimlich sein Tun und Treiben bemerkt und seinen Spruch erlauscht hatte.
Da der Holzschuhmacher aber an einer anderen Stelle wieder an Land ging, konnte der Lotse den Spruch nicht hören, mit dem die Klumpen zum Stillstand gebracht wurden.
Ein solches Paar Klumpen müßtest du als Lotse haben, dachte er bei sich, *dann wärst du für dein Leben geborgen und würdest gewiß der berühmteste und reichste Lotse an der ganzen Nordseeküste.*
Am anderen Tag ging er in die Werkstatt des Holzschuhmachers, bot freundlich die Tageszeit und sprach mit ihm über das Wetter. Der Holzschuhmacher aber suchte das Gespräch auf die Tochter zu bringen und auf seine alte Absicht, sie als seine Frau heimzuführen.
Zwar habe ich ihr keine goldenen Klumpen anzuziehen, aber dafür besitze ich ein Paar Holzschuhe, wie sie gewiß auf der ganzen Welt selten sind.
Daß müßte man sehen, bevor man es glaubt, versetzte der Lotse arglistig. *Wenn es wirklich an dem ist, was du sagst, dann will ich dir nicht länger meine Tochter als Braut verweigern, aber wie gesagt, vorläufig glaube ich nicht so recht daran.*
Der Holzschuhmacher vereinbarte nun voll glücklicher Zuversicht Tag und Stunde, um die wundersamen Holzschuhe vorzuführen. Als er dem Lotsen aber einmal den Rücken wandte, holte dieser rasch ein anderes altes Paar Holschen unter seinem weiten Wettermantel hervor und vertauschte sie mit Stapp-up't-Water und Stapp-up't-Land.
Der Klumpenmacher und des Lotsen Tochter konnten den Tag kaum erwarten, an dem der Klumpenmacher seine wundersamen Holschen vorstellen sollte.
Der Klumpenmacher trat in die alten Holschen, sagte seinen Spruch und setzte mutig den Fuß auf das Wasser, versank aber sogleich bis über den Kopf unter dem schallenden Gelächter des Lotsen. Mit Mühe rettete er sich an Land.
Nun kannst du sehen, was für einem Großmaul du die Hand fürs Leben reichen wolltest, sagte der Lotse und schalt seine weinende

Tochter, die den Klumpenmacher wegen seines Mißgeschicks bemitleidete. Niemand aber ist jemals enttäuschter nach Hause gegangen als dieser, denn er ahnte ja nichts von dem arglistigen Tausch.
Nach einer Woche ließ es dem Lotsen keine Ruhe, und als er ein Schiff in den Hafen bringen mußte, sagte er seinen Spruch und lief in den Zauberklumpen als Wegweiser vor dem Dreimaster her, bis dieser richtig an der Kajung vertäut lag. Nun wollte er an Land gehen, vermochte es aber nicht, denn er wußte ja nicht den richtigen Spruch, der die Holschen wieder zum Stillstand brachte. Als der Lotse merkte, was geschehen war, bekam er es zuletzt mit der Angst und rief um Hilfe, aber niemand wußte ihm zu helfen. Das ganze Dorf lief am Hafen zusammen und wurde Zeuge der Not des Lotsen. Aber am meisten jammerte die Tochter, denn wenn er auch ihrem Glück im Wege stand, so war er doch ihr Vater.
Lauf zum Holzschuhmacher und bitte ihn, ob er kommen und helfen will, bat der Lotse seine Tochter schließlich verzweifelt, indem er ihr gleichzeitig den argen Tausch eingestand.
Die Tochter ging eilends in das Haus des Holzschuhmachers und erzählte ihm alles. Der war zunächst zornig, als er jedoch die Tränen in den Augen seiner Liebsten sah, siegte seine Güte und die Liebe zu dem Mädchen. Er ging mit ihr an den Hafen, wo der Lotse noch immer auf den beiden Holschen herumfuhr und nicht an Land konnte, von seinen Dorfgenossen bedauert und verspottet zugleich, denn sein Reichtum hatte ihn hochmütig und selbstsüchtig gemacht.
Der Lotse bat den Klumpenmacher um Verzeihung und Errettung, und dieser verriet ihm den Zauberspruch.
Augenblicklich trugen die Klumpen den Lotsen wieder an Land. Wenige Zeit später wurde in dem prächtigen Hause des Lotsen die Hochzeit der Tochter mit dem Holzschuhmacher gefeiert, der dann noch manche glückliche Reise mit Stapp-up't-Water und Stapp-up't-Land unternommen hat, bis seine Erdenreise mit dem Ebbstrom in das Ewige verlief.

Wippwapp

Die Sonne brannte heiß vom Himmel, und es war nicht mehr weit bis Mittag, da fuhr der jungverheiratete Aggenfischer Focko mit seinem Flachboot in das von der Flut verlassene Watt hinaus, um nach dem Fang zu sehen. Mit beiden Händen und einem Knie stützte er sich auf das kleine Boot, das er mit dem andern Bein tüchtig abstieß, so daß es jedesmal mit einem kräftigen Schwung ein Stück weiter in die silbergrau glänzende Einöde hinausschoß. Als er sich einmal ausruhte und aufrichtete, sah Focko erstaunt nicht weit vor sich eine Planke in den Himmel ragen. Sie lag auf einer Tonne, die genau auf der Grenze zwischen Ebbe und Flut zu liegen schien. *Das muß ich mir einmal näher ansehen,* dachte Focko. *Vielleicht ist es seetriftiges Gut, das ich bergen und nach Hause schaffen kann.* Er ließ sein kleines Fahrzeug liegen, wo es lag, und machte sich auf den Weg.

Tief sanken seine nackten Füße in den weichen Schlick ein, und seine Fußstapfen füllten sich schnell mit Wasser. Leise rauschte vor ihm das durch die Sonne im silbernen Glanz aufschimmernde Flutwasser, in das ein Ende der hochragenden Planke eingesunken war.

Eine Planke, die quer über einer Tonne an der Flutgrenze lag, was hatte das zu bedeuten? Das sah ja fast aus wie eine Wippwapp, mit der hinter dem Deich die spielenden Kinder lustig schaukelten. Hoffentlich hatte wenigstens die Tonne einen lohnenden Inhalt.

In solche Gedanken versunken, war Focko endlich ganz herangekommen, sprang ein wenig hoch, damit er das emporragende Ende der Planke zu fassen bekam, drückte es mit kräftigen Fäusten herunter und stemmte gleich sein Knie darauf, als ob er in gewohnter Weise seine Jolle unter sich hatte und abstoßen wollte.

Aber wie erschrak Focko, als nun das bisher unsichtbare Ende der Planke aus dem Wasser schnellte. Fast hätte er wieder losgelassen, aber einer plötzlichen Eingebung folgend, setzte er sich rittlings auf sein Plankenende und gaffte sich erst einmal Erschrekken, Entzücken und Überraschung aus seinen weit aufgerissenen Augen. Ein glitzerndes Bächlein Seewasser rann zu ihm herunter und durchnäßte ihn, aber er achtete nicht darauf. Auf dem anderen Ende dieser lustigen Schaukel, jetzt hoch in der Luft, vergnügt mit den Beinen strampelnd, saß nämlich eine wunderschöne Meerfrau, die ihre langen seegrünen Haare wie einen Umhang um sich trug.

Na, nun komm endlich zu dir und stoß einmal kräftig mit beiden Beinen ab. Wir wollen zusammen Wippwapp spielen. Du hast Glück gehabt, daß du mit mir im Watt spielen darfst. Meine Gespielinnen sind mir nämlich mit der Flut davongeschwommen und wollten nicht mehr mitmachen. Wenn du jetzt brav mit mir spielst, werde ich dich auch dafür belohnen. Mit diesen Worten ließ sie einen silbern aufglitzernden kleinen Reif zu dem Aggenfischer hinüberrollen.

Focko schien es, als wenn zugleich die Flut vor ihm leise aufrauschte und einer Woge gleich mit weißem Schaumrand wieder weiter der Küste zu heranspülte. Aber das war wohl nur Einbildung, Wirklichkeit war der kostbare Silberschmuck den er in seinen großen Händen hielt.

Steck das Reiflein nur getrost in die Tasche, und dann laß uns endlich spielen, ermunterte ihn das Meerfräulein. Da kam es wie ein Rausch über Focko. Vergessen war Stientje, seine junge Frau. Vergessen, daß es nun wohl bald Mittag war und Stientje die Pfannkuchen, sein Lieblingsgericht, fertig haben würde. Was kümmerte ihn noch sein Boot und der Fang! Mit beiden Beinen zugleich stieß er jetzt kräftig ab, daß er selbst in die Höhe flog und die Meerjungfrau mit wehenden Haaren ins Wasser klatschte. Hellauf jauchzte die schöne Wasserfrau bei dem lustigen Spiel, und jedesmal, wenn sie oben war, ließ sie einen kleinen silbernen, mit glashellen Diamanten besetzten Ring zu Focko hinüberrollen, dessen Taschen schwerer und schwerer von der wertvollen Beute wurden. Zwar schien es ihm, als wenn jedesmal das Meer stärker aufrauschte und mit dem Reif zugleich das Wasser kräftiger die Planke hinabfloß, aber er achtete nicht darauf, wenn er auch schon längst mit den Füßen im Wasser statt vom festen Boden abstieß.

So ging es eine Weile fort, und der Aggenfischer wurde immer übermütiger mit seiner so schönen Spielgefährtin, aber je länger er schaukelte, desto schwerer wurden seine Taschen, und um so mühsamer wurde ihm das Abstoßen. Zuletzt mußte ihn die schöne Meerestochter kräftig ermuntern. Sie spottete, wie ein so junger und starker Mann schneller ermüden könnte als sie; aber endlich wollte der Aggenfischer doch eine kleine Ruhepause machen, um zu verschnaufen. Dabei bemerkte er, daß er bereits bis über den Gürtel im Wasser saß. und zugleich knurrte ihm auch der Magen, und das erinnerte ihn an Stientje und die Pfannkuchen, die nun gewiß schon kalt geworden waren. Hinzu kam, daß er seine resolute Stientje bald nach der Heirat ein wenig fürchten gelernt hatte, denn sie mochte es durchaus nicht, wenn ihr Mann zu spät an den Mittagstisch kam.
Focko sah am Sonnenstand, daß Mittag weit vorüber war. Dann mußte ja auch, wie er jetzt zu seinem Schreck bedachte, schon lange der Gezeitenwechsel eingetreten sein. Wenn er sein Aggenboot nicht mehr fand, hatte ihn die Flut überrascht, und er mußte elend im Watt umkommen. Die Meerjungfrau hatte ihn mit ihrem schönen Spiel überlistet. *Ich muß fort,* schrie er entsetzt auf, *wie soll ich noch an den Deich zurückkommen, bevor es gänzlich Flut geworden ist.*
Mußt du denn unbedingt zurück, dummer Focko? lockte sie ihn. *Bleib bei mir und werde mein Gespiele. Du wirst es besser haben als in der Kate hinter dem Deich.*
Aber Focko antwortete nicht mehr. Er stand auf und begann, mühsam in Richtung des Deiches durch das inzwischen immer höher steigende Wasser zu waten. Sein Aggenboot fand er nicht mehr. Die Flut hatte es flottgemacht und fortgetrieben. Focko war der Verzweiflung nahe. Er arbeitete sich mühsam bis zu einer Schlenge vor, einem Gestrüppwall, der zur Deichbefestigung von der Küste aus in das Watt vorgetrieben wird. Dort hielt er sich an einer Bake fest.
Die glitzernden Ringe in seinen Taschen hatte er schon alle bis auf zwei fortwerfen müssen, denn sie zogen ihn mit ihrer Schwere immer noch mehr in die Tiefe. Ihr Gewicht hinderte ihn

an dem so schon beschwerlichen Vorwärtskommen im überfluteten Watt, als ob ihn bleierne Lote an beiden Seiten herunterzögen.
Zu Hause war Stientje inzwischen voller Unruhe in der Küche hin und her gelaufen. Je mehr die Pfannkuchen erkalteten, desto größer wurde ihre Wut über Fockos Fortbleiben. Endlich aber wandelte sich ihr Zorn in Sorge. Sie ging über den Deich an die See, wo sie zu ihrem Erschrecken das Aggenboot ohne seinen Besitzer angetrieben fand. Nun überkam sie doch eine große Angst um das Leben ihres Mannes.
Sie überwand die eigene Scheu, holte einen Riemen, sprang in das leichte Boot und wriggte damit auf das Meer hinaus, dorthin, wo sie wußte, daß Focko seinen Weg zu den Aggen genommen haben müßte. Ganz so weit brauchte sie auch nicht mehr zu fahren, da entdeckte sie ihren Mann auf der Schlenge, die nun auch schon überflutet wurde.
O Stientje, Stientje, daß du kommst und mich aus der großen Not errettest.
Wenn es mich nicht so geärgert hätte, daß die Pfannkuchen umsonst gebraten und kalt geworden sind, hättest du wohl im Watt umkommen können, lieber Mann, antwortete Stientje scharf und ließ ihn einsteigen. *Ein zweites Mal geschieht es nicht, daß du zu spät zum Mittagessen kommst.*
Es soll nie wieder geschehen, versprach Focko. Um nur seine erzürnte Stientje zu besänftigen, zeigte er ihr die beiden kostbaren Ringe, die er von seinem selig-unseligen Spiel behalten hatte. Nun waren die beiden gemachte Leute, aber zeit seines Lebens wagte Focko seiner Frau nicht einzugestehen, wer ihm die kostbaren Ringe gegeben hatte, denn das hätte sie ihm noch weniger verziehen, als wenn er wieder zu spät zu Tisch erschienen wäre.

Das fliegende Holzscheit

Mehr als zweihundert Jahre ist es nun wohl her, da wohnte in einer kleinen Hafenstadt an der Nordseite ein Drechsler, der wegen seiner Kunstfertigkeit berühmt war. Zu ihm kam eines Tages ein Geselle und bat um Arbeit. Da der Meister aber schon einen tüchtigen Gesellen beschäftigte, zögerte er, einen zweiten Arbeiter einzustellen.

Ihr werdet es nicht bereuen, ich habe mein Handwerk gelernt, Meister. Mein Gesellenstück habe ich mitgebracht, es wird Euch sogleich überzeugen.

Na, dann laßt einmal sehen, forderte der Meister neugierig. Der Geselle schnürte von seinem Gepäck ein schön geglättetes Holzscheit los, das in seinem Oberteil zu einem Halbbogen gekrümmt war.

Das nenn ich was Rechtes, spottete der Meister laut. *Was wollt Ihr mit diesem nutzlosen Werkzeug anfangen?* Auch der Altgeselle war aus der Werkstatt hinzugetreten und musterte den Ankömmling spöttisch.

Nennt mir in hundert Metern oder auch weiter ein Ziel, das ich treffen soll.

Wollt Ihr etwa mit dem Dings danach werfen? Ein höchst seltsames Instrument, muß ich sagen.

Ihr sagt es!

Nun, dann sucht die große Kastanie zu treffen, die an der anderen Seite des Marktes vor dem Hause des Bürgermeisters steht, aber werft nicht die Scheiben ein.

Befürchtet nichts, Meister, lachte der Altgeselle. *Er wird das lächerliche Holzscheit nicht einmal bis über die halbe Wegstrecke werfen können, denn bis zum Hause des Bürgermeisters dürften es gut zweihundert Meter sein.*

Der Geselle hatte inzwischen schweigend das solchermaßen verspottete Wurfscheit wieder an sich genommen, schwang es mehrfach um den Kopf und warf es dann hoch über den Platz in die Luft. Gleich darauf barst krachend die Rinde des Kastanienbaumes vor dem Hause des Bürgermeisters, dessen Tochter verwun-

dert ans Fenster stürzte. Sie sah nur noch, wie ein Fremder, der ein Felleisen auf dem Rücken trug und also offensichtlich auf der Wanderschaft war, in der hocherhobenen Faust ein Holzscheit hielt, das auf wundersame Weise wieder in seine Hand zurückgeflogen war.

Das nenn ich wahrlich einen tüchtigen Wurf, staunte der Meister, während der Altgeselle schwieg. *Ihr könnt heute noch bei mir anfangen.*

So kam der Fremde als Zweitgeselle in die Werkstatt des Meisters und fertigte zur Zufriedenheit der Kundschaft und zur Freude seines Brotgebers manches kunstvolle Stück.

Nun geschah es aber, daß die Stadt von einem Seeungeheuer mit riesigen Fangarmen belagert wurde, das eines Tages bei Ebbe über das Watt herangekrochen war und Leben und Wohlfahrt der Stadt gefährdete. Niemand wagte, das Ungeheuer zu vertreiben, das für seinen Abzug die Tochter des Bürgermeisters forderte. Jetzt war guter Rat teuer, denn wie wollte man dem Untier zu Leibe gehen, das mit einem dicken Muschelpanzer gegen die Klingen und Wurfgeschosse geschützt schien.

In seiner Not versprach der Bürgermeister demjenigen seine Tochter zur Frau, der die Stadt von dem Ungeheuer befreien würde, aber das Volk in seiner Angst war verdrossen und wollte nur noch eine Frist von drei Tagen zugestehen, bis dem Ungeheuer die geforderte Beute ausgeliefert und die Stadt wieder frei würde.

Am Morgen des nächsten Tages, nachdem der Bürgermeister durch amtlichen Anschlag den Preis für die Erlösung der Stadt hatte bekanntmachen lassen, nahm der Zweitgeselle sein Krummholz aus der Lade, rieb es mit Öl ab und ging auf den Stadtwall. Das Untier hatte gerade sein schlammtriefendes Haupt aus dem Wasser gereckt und blinzelte böse gegen die aufgehende Sonne. Als der Zweitgeselle sein Wurfholz um den Kopf zu schwingen begann, um es mit aller Kraft gegen das Untier zu schleudern, bemerkte er zu seinem Erstaunen, daß der Altgeselle neben ihn getreten war und ebenfalls ein ganz ähnliches Krummholz schwang. Überrascht ließ der Zweitgeselle sein fliegendes Scheit wieder sinken.

Was willst du hier? fragte er erstaunt, *und wie kommst du in den Besitz eines solchen Wurfgerätes?*
Was geht es dich an, brummte der Altgeselle. *Es verstehen noch mehr Leute als du unser kunstreiches Handwerk. Was du kannst, das vermag ich schon lange. Ich habe mir selbst ein fliegendes Scheit gefertigt. Nun wollen wir sehen, wer den besten Wurf tut und die bessere Arbeit gefertigt hat.*
Du hast mein Gesellenstück nachgeahmt, entgegnete der Zweitgeselle aufgebracht, *aber glaub nicht, daß es darum auch zu einem Meisterwurf reichen muß. Vielmehr möchte ich dich vor der Tücke des fliegenden Scheites warnen.*
Ich glaube eher, daß du einen Mitbewerber um die Tochter des Bürgermeisters fürchtest, als daß du um meine Sicherheit besorgt bist, gab der Altgeselle höhnisch zur Antwort.
Wohlan, laßt uns gleichzeitig werfen, damit niemand gegenüber dem anderen einen Vorzug habe.
Der Zweitgeselle mußte sich wohl oder übel einverstanden erklären. Inzwischen war viel Volk auf den Wall gekommen und Zeuge des Wortstreites geworden.
Uns ist es gleich, wer uns erlöst und dabei die Tochter des Bürgermeisters gewinnt, schrie die Menge, *wenn es nur bald ist. Zeigt eure Kunst, damit es sich erweist, daß ihr beide nicht nur Prahlhänse seid.*
Nun schwangen die beiden Gesellen gleichzeitig ihre Hölzer und schleuderten sie gegen den Kopf des Untiers. Eines der beiden Wurfscheite fiel nahe vor dem schrecklichen Haupt in das Wasser und versank darin. Das andere aber schmetterte mit furchtbarer Wucht zwischen die Augen des Untiers, so daß es augenblicklich seine umklammernden Saugarme von den Schiffen im Hafen löste und ein furchtbares Gebrüll ausstieß. Die Menge auf dem Stadtwall jubelte und lobte noch den guten Wurf, als sie zu ihrem Staunen das Wurfscheit schon wieder in der hocherhobenen Hand des Zweitgesellen erblickte.
Seht diesen Dieb, schrie da der Altgeselle. *Da hält er mein fliegendes Scheit in der Hand, das die wunderbare Eigenschaft hat, in die Hand des Werfenden zurückzukehren. Sein eigenes Holz aber*

fiel vor dem Haupte des Untiers in das Wasser, und ihr werdet es bei vollständiger Ebbe vielleicht noch im Schlamm stecken sehen.

Der Zweitgeselle wußte zuerst nicht, wie er dieser Bosheit begegnen sollte, denn er war gescheit und ehrlichen Gemütes, doch ungewandt in allen Listen und unerfahren in den niederträchtigen Künsten seiner Mitmenschen.

Die Menge stritt noch hin und her und wußte nicht, wem sie recht geben sollte. Da trat die Tochter des Bürgermeisters hinzu.

Das Untier ist erschreckt, aber noch nicht vertrieben, rief sie laut. *Laßt jeden der Männer noch einen Wurf tun und seine Kunst beweisen, damit wir den rechten Meister erkennen.*

Der Altgeselle sträubte sich, aber es half nichts. Man zwang ihm das fliegende Scheit in die Hand und nötigte ihn endlich zu einem zweiten Wurf, zu dem sich der Zweitgeselle sofort bereit erklärt hatte.

Viele Male schwang der Altgeselle das Scheit um seinen Kopf und ließ immer wieder den Arm sinken, weil er den Wurf nicht wagte. Erst als das zornige Murren der Menge hinter ihm immer lauter und drohender wurde, wagte er den Wurf. Das Scheit überschlug sich wirbelnd über dem Hafen und kehrte dann blitzschnell zu dem Werfer zurück, der mit einer Hand unbeholfen in der Luft herumfuchtelte, dann aber selbst getroffen und zu Boden gestreckt wurde.

Rasch sprang da der Zweitgeselle dem noch über den Boden hüpfenden Holzscheit nach, ergriff es, wirbelte es um seinen Kopf und schleuderte es fort. Schwirrend und die Luft mit einem hellen Ton durchschneidend, glitt es ins Blaue empor und traf das Untier zum zweiten Male mit voller Wucht, dann flog es fast ebenso geschwind wieder zurück und landete sicher in der Hand des meisterlichen Werfers, der seine Würfe so lange fortsetzte, bis das Ungeheuer über das in der Sonne spiegelnde Watt zwischen den Inseln in den Tiefen des Meeres verschwand und nicht wiederkehrte. Nur in den Sturmnächten des Herbstes konnte man zuweilen noch sein wüstes Brüllen von der Nordsee herüberdringen hören.

Der Zweitgeselle bekam die Tochter des Bürgermeisters zur Frau, gründete eine eigene Werkstatt und diente seinen Mitbürgern noch lange Jahre mit gutem Rat, friedlichem Tun und kunstreichem Handwerk. Das fliegende Scheit wurde nie wieder gebraucht. Die Enkel bewahrten es noch lange in einer gläsernen Vitrine auf, zur Erinnerung daran, daß man von unrechtem Handeln auch selbst getroffen werden kann, bis das Scheit in Staub zerfiel und nur diese Geschichte davon lebendig blieb, denn das Ungeheuer war inzwischen auch für immer vergangen.

Der Kloot, der in die Wolken flog

Hinter dem grünen Seedeich, dort wo heute ein schilfbewachsener Kolk zwei Weiden voneinander trennt, wohnte einst der Sohn eines Nordseefischers, der im ganzen Lande berühmt war als Klootschießer. Keiner warf die mit Blei ausgegossene Holzkugel so weit wie er, wenn die Mannschaften der Dörfer sich untereinander im Wettkampf maßen. Niemand nannte ihn bei seinem Familiennamen, alle sprachen von Tjark Wietsmieter, und keiner konnte es ihm gleichtun.

Tjark liebte Wiebke, die Tochter eines reichen Marschbauern. Das Mädchen war dem jungen Fischer wohl zugetan, aber ihr Vater wollte nichts von einer Heirat seiner Tochter mit dem berühmten Klootschießer wissen.

Van Klootscheeten kann nüms Fro un Kinner dör de Tied brengen, murrte er, sooft Wiebke das Gespräch auf den Geliebten zu bringen suchte. Eines Tages aber war der Alte guter Laune und versprach lachend: *Wenn Tjark Wietsmieter de Kloot in de Wulken smitt, sallt du densülvigen Dag sien Fro worden.*

Dat sall en Woord wesen, antwortete Wiebke zornig, ging weinend zu ihrem Geliebten und sagte, daß aus ihrer Heirat nie etwas werden könne, es sei denn, daß er den Kloot in die Wolken würfe. Über einen Bauernhof hinweg, das traute sich Tjark schon zu, aber in die Wolken, das war schier ein Ding der Unmöglichkeit. Wiebke suchte Rat bei einer weisen alten Frau, die ihr sagte: *Einem liebenden Herzen ist nichts unmöglich. Der Kloot kann in die Wolken fliegen, wenn die Perle Wundersam darin eingeschlossen wird. Diese Perle ruht auf dem Meeresgrund in einer einfachen Miesmuschel, deren Schalen so fest verschlossen sind, daß sie auch mit Gewalt nicht geöffnet werden kann. Sie muß erst tausend Nächte unter deinem Kopfkissen liegen, dann werden die Schalen in der tausendsten Nacht von selbst aufspringen, und du kannst die Perle deinem Liebsten bringen, damit er sie in die Kugel einschließt und einen Wurf in die Wolken damit wagt.*

Wiebke erzählte alles Tjark, der schier verzagen wollte, denn eine Miesmuschel sieht wie die andere aus. Wie sollte er gerade die

richtige vom Meeresgrund fischen? Die tausend Nächte hernach wollten sie beide schon warten, denn ihre Herzen standen treu zueinander, und die Zeit konnte nichts daran wandeln. Tag für Tag fuhr Tjark Wietsmieter nun mit seinem Boot nach draußen und warf das Netz aus zum Muschelfang. Die richtige Muschel sollte singen wie eine feine Kinderstimme, erfuhr Wiebke, als sie noch einmal bei der weisen Frau vorsprach.

Jeden Abend, wenn Tjark die Weidenkörbe mit Muscheln an Land brachte, kam Wiebke über den Deich und beide hielten die Muscheln an das Ohr, um auf den feinen Klang zu lauschen, der in der richtigen Schale zu vernehmen sein mußte. Aber immer horchten sie vergebens, und Tjark war oft nahe daran, die Geduld zu verlieren. Wiebke sprach ihm immer wieder Mut zu und blieb unermüdlich. Da nun Tjark Wietsmieter keinen Tag verbummelte und immer fleißig zum Fischen ausfuhr, begann sich allmählich auch sein Wohlstand zu heben, weil die Muscheln, die er verkaufte, ausgesuchte Ware waren, denn die kleinen warf er wieder ins Meer zurück, damit sie wachsen und reifen konnten.

So vergingen sieben Jahre, ohne daß die beiden Liebenden die klingende Muschel gefunden hatten, aber ihre Herzen waren wie zwei Schalen einer Glocke geworden, in der ein reiner Ton läutete und von ihrer treuen Liebe sang. So berühmt auch Tjark Wietsmieter einst als Klootschießer gewesen war, die Sage von der Treue der beiden ging noch mehr um im Lande und rührte auch den Vater Wiebkes, den reichen Marschbauern, der es aber seinem Stolz schuldig zu sein glaubte, sein einmal gegebenes Wort nicht wieder umzustoßen. Stur bestand er auf seinem Willen, daß zuerst Tjark Wietsmieter den Kloot in die Wolken werfen müsse, ehe er seine Tochter Wiebke heimführen dürfe.

An einem Herbstabend, als Tjark und Wiebke in den letzten Korb griffen, um die Muscheln zu prüfen, kam plötzlich eine Möwe herabgeschossen und suchte Wiebke eine Muschel zu entreißen, die sie gerade an das Ohr halten wollte. Tjark wehrte das dreiste Tier ab, das ihm mit seinem scharfen Schnabel die rechte Hand zerfetzte, die Hand, die so berühmte Würfe getan und einst den Kloot in die Wolken werfen wollte, um Wiebke für immer zu gewinnen.

Das Mädchen schrie auf, vor Freude und vor Schreck zugleich, denn der graublauen Schale, die sie an das Ohr hielt, entströmte ein unendlich feiner lieblicher Sang, den auch das Kreischen der wütenden Möwe nicht übertönen konnte.
Tjark umschloß Wiebke schützend mit der gesunden Linken, bis die Möwe von ihr und der tönenden Muschel abließ. *Nur noch tausend Nächte,* jubelte das Mädchen, *dann werden wir für immer vereint sein,* aber zugleich sah sie mit mitleidigem Schmerz auf Tjarks Rechte, mit der er nun wohl nicht mehr werfen konnte, wenn sich auch die Wunden vor tausend Tagen schließen würden. Jetzt aber war es an Tjark, Wiebke zu trösten. Sie sollte nicht verzagen, denn er hatte bereits heimlich den Entschluß gefaßt, täglich mit der gesunden Linken den Wurf zu üben, der der glücklichste Wurf seines Lebens werden sollte.
Als die tausend Tage verstrichen waren, kam Tjark Wietsmieter auf Wiebkes Hof und wog den Kloot, in dem die Perle Wundersam eingeschlossen war, mit der gesunden Linken. Er trat vor den Bauern und sagte, daß er den Wurf in die Wolken wagen wolle, um Wiebke zur Frau zu gewinnen.
Sie gingen vor den Hof, und das ganze Dorf versammelte sich, um Tjark Wietsmieters Wurf zu sehen.
Er wog den Kloot mit der Linken, wirbelte ihn mit dem gesunden Arm rundum und schleuderte ihn dann über das Dach des Bauernhofes hinweg in die Luft. Die Kugel schnellte empor, als sei sie abgeschossen und war rasch den Blicken der Zuschauer in einer von der Abendsonne rotumkanteten Wolke verschwunden. Dann riß die Wolke wie ein dunkles Tuch auseinander, so daß das Sonnenrot wie aus einer Pupurschale strömte.
Wiebke wurde nun Tjark Wietsmieters glückliche Frau.
Man erzählte aber, daß Tjark den Kloot durch die Wolken in das Weltall geworfen hat, wo er als Sternschnuppe um die Erde kreiste, solange die beiden lebten.

Die Wolkenkuh

In einem Dorfe hinter dem Deich wohnte einst ein Tauschläger. Schlecht und recht lebte er von seinem Handwerk und lieferte den Bauern und Fischern seine Ware. Er war so arm, daß niemand um Hiske, seine junge Tochter, freien wollte, weil sie nichts mit in die Ehe bringen konnte. Die Jungkerle meinten: Wenn die Eltern wenigstens eine Kuh im Stall hätten, von der Hiske ein Kalb mitbrächte, das man großziehen könnte. Das Gerede kam Hiske zu Ohren. In ihrem verletzten Stolz beschloß sie, niemanden aus dem Dorf zu freien, selbst wenn noch einer kommen sollte, um ihre Hand zu gewinnen. Nichts aber wünschte sie selbst sehnlicher, als daß ihre Eltern in den Besitz einer milchreichen Kuh kämen.

Eines Tages sagte sie zu ihrem Vater: *Warum haben wir nicht wenigstens eine Kuh im Stall, von denen die großen Bauern so viele haben? Dann hätten wir jeden Tag frische Milch, Butter und Käse; das wäre mal etwas anderes, als immer nur Pellkartoffeln mit Salzhering.*

Sie verschwieg aber dem Vater, daß niemand sie heiraten wollte, weil ihre Eltern nicht einmal eine Kuh im Stall hatten. Der Vater aber sagte: *Mein Handwerk wirft zur Zeit nicht so viel ab, daß wir davon eine Kuh kaufen könnten. Aber gedulde dich, im nächsten Jahr wollen wir uns ein Schaf oder ein Ziegenlamm kaufen, das schön am Deich grasen kann.*

Unzufrieden mit dieser Antwort lief Hiske aus dem Hause und warf sich am Deich ins Gras, legte den Kopf auf die verschränkten Arme und ließ ihren Tränen freien Lauf. *Wie ist es seltsam,* dachte sie, *daß der eine als Kind reicher und der andere als Kind armer Eltern geboren wird und doch selbst nichts dazu kann.*

Sie stand auf und sah auf der grünen, der See zugekehrten Seite des Deiches überall das schwarzbunte Vieh der reichen Marschbauern grasen. Nichts wünschte sie sich mehr, als ein einziges von diesen Tieren zu besitzen.

In der Ferne wanderten die Wolken, die aus dem Meere aufgestiegen waren, in gewaltigen Scharen zusammengedrängt über den Deich in das weite Land hinein. Einige von ihnen sahen aus wie

mächtige Rinder, denen die Sonne das Gehörn vergoldete, und deren prallgefüllte Euter fern die Kappe des Deiches zu berühren schienen.
Hiske dachte daran, daß ihr die Großmutter früher einmal erzählt hatte, daß es den Menschen ganz selten einmal gelänge, eine Wolkenkuh einzufangen. Wer sie aber im Stall stehen habe, der brauche keine Not mehr zu leiden, denn eine einzige Wolkenkuh gäbe soviel Milch wie eine ganze Herde. Hiske seufzte, als sie daran dachte, aber sie wußte nicht, wie sie eine solche Kuh einfangen sollte. Das hatte die Ahnfrau auch nicht gewußt und war darum arm geblieben wie der Sohn, der als Tauschläger sein Brot verdiente.
Als sie noch so im Grase lag, mit ihren blonden Zöpfen spielte und sann, kam ein arg zerlumpter Strandläufer unten am Deich vorbei, der wohl Treibholz sammeln wollte. Er blieb stehen und betrachtete das Mädchen.
Was steht Ihr und gafft mich an, sagte Hiske verdrießlich.
Nun, das kommt, weil Ihr so jung und schön, gesund und tüchtig seid.
Ach was, dummes Zeug, davon hat man nicht viel, lieber wäre es mir, wenn ich eine Wolkenkuh in den Stall meiner Eltern führen könnte, aber ich weiß nicht, wie man es anstellen muß.
Nichts leichter als das, gab der Strandläufer zurück, *aber man muß natürlich wissen, wie man es anzufangen hat.*
Sag es mir doch, drängte Hiske, *ich will dir dafür immer dankbar sein.*
Gut, ich will es dir verraten, aber als Dank mußt du mir deine Hand zusagen, wenn ich eines Tages kommen sollte, um dich zu freien.
Ihr verlangt allerdings nicht wenig, lachte Hiske und sah den Strandläufer in die hellen guten Augen, *aber ich meine doch, daß Ihr ein wenig zu alt für mich wäret, aber allein schon aus Trotz gegen das Dorf möchte ich zusagen.*
Damit schlug sie in die Hand des Fremden ein.
Nun, dann hör gut zu. Zunächst mußt du die Bekanntschaft eines Tauschlägers suchen.

Da hätte ich keinen langen Weg, antwortete Hiske fröhlich, *denn mein eigener Vater ist Meister in dieser Kunst.*
Das trifft sich gut, dann muß der Vater aus deiner Haarflechte Halfter und Tau anfertigen. Damit mußt du immer oben auf der Kappe des Deiches entlangwandern bis dorthin, wo die Wolkenkühe ganz nahe über den Deich in das Land hineinziehen. Dort legst du Halfter und Tau hin, schließt die Augen und wartest. Es muß aber an einem Tag sein, an dem Volltide und Mittagsstunde genau zusammenfallen. Ja, und dann wirst du nicht lange mehr warten müssen. Wenn du es gemütlich brummen hörst, machst du die Augen wieder auf, hebst dein Haartau aus dem Grase auf und ziehst die Wolkenkuh hinter dir drein. Natürlich darfst du während des Weges kein Wort sprechen, bis du das Tier im Stall angebunden hast. Darauf sagst du:
Blitz un Donner överall,
Wulkenkoh bliev in mien Stall.
Dann wird dir das Tier nicht mehr fortlaufen können. Denn im Stall muß es stehen bleiben, sonst schwebt es zu den andern am Himmel zurück.
Aber das Tier wird unendlich viel Futter brauchen, wenn es so viel Milch geben soll, meinte Hiske bekümmert. *Woher soll ich das nehmen, denn mein Vater besitzt keine Weiden.*
Darum nur ja keine Sorge, liebe Hiske. Eure Wolkenkuh braucht als Nahrung täglich nur einen Eimer voll Meerwasser, in das die Sonne geschienen hat.
Da war Hiske beruhigt und beschloß sofort nach Hause zu gehen, um den Vater zu bitten, ein Seil aus ihren Zöpfen zu flechten. Bevor sie sich von dem Strandläufer verabschiedete, fragte sie ihn, ob er Holz für den Winter sammele.
Nicht gerade für den Winter, antwortete der Strandläufer ausweichend. *Ich sammle nur Holz von Schiffen, die untergegangen sind.* Damit ging er seines Weges.
Hiske aber lief schnell nach Hause und bedrängte ihren Vater so lange, bis er einwilligte, ihr aus ihrem Haar Halfter und Haltetau für die Wolkenkuh zu machen. Dann sah Hiske im Kalender nach und suchte einen Tag, an dem Volltide und Mittagsstunde zusam-

menfielen. Und als der Tag gekommen war, machte sie sich auf und führte richtig eine Wolkenkuh in ihres Vaters Stall.
Es war so, wie die Ahnfrau erzählt hatte. Die Wolkenkuh gab so viel Milch wie eine ganze Herde. Schon nach kurzer Zeit waren Hiske und ihre Eltern wohlhabende Leute. Jetzt kamen viele Freier, um Hiskes Hand zu gewinnen. Sie dachten, nun ist alles beisammen, ein junges frisches Mädchen und als Mitgift eine Kuh, die eine große Familie ernährt, aber Hiske wies sie alle ab. Einmal kam auch ein junger Matrose, den Hiske sehr liebgewann. Als er um ihre Hand bat, sagte sie ihm mit Tränen in den Augen, daß sie diese schon versprochen habe und er deshalb wieder von ihr gehen müsse. Der Freier ging fort, wie Hiske es verlangt hatte, aber das Mädchen konnte des Nachts vor Kummer nicht schlafen. Eines Tages, als sie gerade die Wolkenkuh gemolken hatte und die fette Milch in den Eimer schäumte, stand plötzlich der alte Strandläufer in der Stalltür. Hiske erschrak sehr, denn sie wußte ja, weshalb der Strandläufer gekommen war. Und richtig, er bat Hiske, nun auch ihr Wort zu halten und seine Frau zu werden.
Ich weiß, daß Ihr ein guter Mensch seid, sagte Hiske verzagt, *aber ich muß Euch sagen, daß ich inzwischen einen anderen liebgewann.*
Dessen Frau wollt Ihr nun werden? fragte der Strandläufer dumpf.
Nein, antwortete Hiske. *Ich habe mich entschlossen, überhaupt nicht zu freien.*
Aber mir hast du es versprochen, und ich gab dir dafür die Wolkenkuh, die du ohne meinen Rat nie in diesen Stall hättest führen können.
Da habt Ihr allerdings recht, gestand Hiske ehrlich ein. Kurz entschlossen band sie das Tier los. Sogleich war der ganze Stall wie mit weißem Dampf und Nebel angefüllt, daß man nichts mehr sehen konnte. Und als sich der weiße Rauch verzogen hatte, war die Wolkenkuh aus dem Stall verschwunden. Nur das blonde Haltetau, mit dem sie angebunden war, hing noch an derselben Stelle. Dort aber, wo der alte Strandläufer gestanden hatte, breitete der junge Matrose die Arme nach Hiske aus. Ihm zu Füßen lagen ein alter Mantel, ein zerfetzter Hut und ein grauer Bart.

Ich bin niemand anders als der Strandläufer, Hiske, lachte er. *Ich hatte einst durch eigene Schuld mein gutes Schiff verloren, mit dem ich in einer Sturmnacht strandete. Seitdem mußte ich als Strandläufer an den Küsten das Steuerrad meines untergegangenen Schiffes suchen. Nun aber habe ich es wiedergefunden und will mir einen neuen Dreimaster bauen lassen.* Da sank Hiske glücklich in seine Arme, und sie lebten glücklich und zufrieden bis an ihr Ende.

Springtide

Vor Zeiten lagen zwei Nordseeinseln so nahe beieinander, daß man das Brot auf einer Backofenschaufel von einer Insel zur anderen hinüberreichen konnte.
Eines Tages lief ein Strandläufer bis zum Westkap der einen Insel, das der Ostspitze der anderen gerade gegenüber lag. Da sah er oben auf einer Düne eine junge Frau sitzen. Neben ihr im Sand steckte ein mächtiger Springstock, dessen Knauf wie ein riesiger Edelstein funkelte.
Der Strandläufer warf das Bündel Treibholz, das er gesammelt hatte, vom Nacken und ging zögernd zu der Frau auf der Düne. Sie lachte ihm fröhlich entgegen, als habe sie schon auf ihn gewartet. Es war eine muntere junge Frau, die den Rock bis über die Knie geschürzt trug, damit er sie beim Gehen und Springen nicht behinderte. Als sie lachte, meinte der Strandläufer, daß ihm gleich selber das Herz davon im Leibe tanzte.
Was treibst du hier so einsam und allein oben auf der Düne? fragte er neugierig.
Was ich hier treibe? Dumme Frage, du siehst es ja. Gar nichts tu ich. Ich sitze hier und ruh mich aus und warte, daß der Mond aufgeht.
Das nenne ich ein langweiliges Geschäft, dabei siehst du so lustig und quicklebendig aus, als wenn du nicht eine Minute ruhig auf einer Stelle sitzen möchtest.
Du könntest mir die Langeweile und das Warten vertreiben helfen, Strandläufer.
Das wär' mir schon recht, darf ich mich ein wenig zu dir setzen? Dann könnten wir uns etwas erzählen, bis der Mond aufgeht.
Die Frau war damit einverstanden. Sie scherzte und lachte zusammen mit dem Strandläufer, bis der Mond das Meer mit seinem silbernen Glanz übergoß. Da sprang die Frau auf, schlug den Sand aus den Röcken, ergriff den Springstock mit dem Edelsteinknauf und eilte in zierlichen Sprüngen an den Strand, dorthin, wo sich die beiden Inseln fast zu berühren schienen und jetzt die Flutwelle in das Wattenmeer hineinströmte. Bei jedem Schritt,

den sie vorwärts lief, kräuselte es sich wie silbergrauer Schaum unter ihren nackten Sohlen.
Komm mit, Strandläufer, lockte sie. *Zeig einmal deine Kunst und laß sehen, ob du so gut springen kannst wie ich.*
Mit dir werde ich es ja wohl noch aufnehmen können, aber willst du denn mit deinem Pulsstock über die Dünen springen?
Nein, wir wollen nur ein bißchen zur Nachbarinsel und zurück springen, das ist lustig und erfordert mehr Mut und Geschicklichkeit, als über den weißen Sand hinwegzusetzen.
Der Strandläufer erschrak heftig, aber er beherrschte sich, weil er sich nicht beschämen lassen wollte. Zwischen den beiden Inseln lief eine reißende Strömung. Noch nie war jemand so vermessen gewesen, mit einem Pulsstock darüber hinwegzuspringen. Ehe er sich's versah, hatte es ihm aber die junge Frau schon vorgemacht. Sie setzte den riesigen Pulsstock mit dem diamantenen Knauf in den rasenden Wirbel der Strömung, wiegte sich in den Knien und schwang sich mühelos an das Ufer der gegenüberliegenden Insel hinüber und von dort wieder zurück. *So, jetzt kannst du dein Glück versuchen, Strandläufer.* Mit diesen Worten warf ihm die kühne Springerin den Pulsstock zu.
Dem Strandläufer war es, als sei der Abstand zwischen den beiden Inseln plötzlich größer geworden und das Wasser den Strand höher hinaufgestiegen, aber er meinte zuletzt doch, daß er sich wohl täuschen müsse. Mutig faßte er den Springstock und setzte ihn zwischen den Inseln in das Meer. Dann setzte er in kühnem Sprung über den strudelnden, im Mondlicht schimmernden Meeresarm hinweg und gewann glücklich das andere Ufer, wenn er dabei auch fast bis an die Knie in das Wasser geriet. Beim Rücksprung kam er nur noch mit Mühe hinüber. Diesmal stand ihm das Wasser bei der Landung schon bis an den Gürtel. Keuchend kam er an die Seite der Dünenfrau zurück, um ihr den Pulsstock wiederzubringen.
Gut gesprungen, Strandläufer, lachte sie und tanzte und sprang vor Vergnügen am Strande umher. *Jetzt bin ich wohl wieder dran.*
Du willst doch wohl nicht noch einmal hinüberspringen, staunte der Strandläufer. *Sieh doch nur, wie das Wasser inzwischen ge-*

stiegen ist und wie reißend die Strömung geht. Es scheint, als ob die Entfernung zwischen den beiden Inseln größer geworden ist, seit wir mit dem Pulsstock hin und zurück gesprungen sind.

Ich glaube, du hast keinen Mut mehr, spottete die Schöne, riß den Pulsstock an sich und gewann in einem herrlichen Sprung den Strand der gegenüberliegenden Insel. Der Knauf funkelte im Mondlicht, das von Wolken ungehindert über Meer und Insel strömte. Bei diesem Sprung war dem jungen Weib das Haar aufgegangen. Es schlug ihm wie ein goldenes Segel um den Nacken. Mühelos erreichte sein zierlicher Fuß das Gestade der anderen Insel, mühelos schwang es sich an die Seite des Strandläufers zurück. Bei dem letzten Sprung rauschte das Wasser geheimnisvoll auf, als ob es sich dem schönen Weibe geheimnisvoll entgegendrängte.

Es war kein Zweifel mehr möglich, West- und Ostkap der beiden Inseln entfernten sich immer mehr voneinander. Der Wasserarm, der die beiden Inseln teilte, war nun zu einem breiten Seegatt geworden. Die Insulaner würden einander das Brot nicht mehr auf langen Backofenschaufeln zureichen können. Als der Strandläufer die junge Springerin so schön und so nahe neben sich sah, hätte er sie gern als seine Frau gewonnen. Er faßte darum Mut und fragte sie. Da lachte die Frau hell heraus, ergriff den Springstock und setzte im gewaltigen Sprunge wieder zur anderen Insel hinüber. Der Wasserarm zwischen den beiden Inseln schwoll dabei so mächtig an, daß der Strandläufer einen Meter und mehr zurückspringen mußte, um der Flutwelle auszuweichen.

Nun hol mich, wenn du mich haben willst, lockte die Frau von der anderen Seite. *Wag den Sprung. Wenn er dir gelingt, will ich dein Weib werden.* Damit warf sie ihm den Springstock wieder zu. Den Strandläufer ergriff ein großes Verlangen. Er konnte nicht widerstehen, stieß den Pulsstock in die strömende Flut und wagte den Sprung. Der Wasserarm war aber inzwischen viel zu breit geworden, als daß er jemals von einem Menschen übersprungen werden konnte, und wenn der Pulsstock noch so groß und stark gewesen wäre und der Springende der stärkste Mann der Welt.

Der Strandläufer stürzte ins Wasser und wurde von der rasenden Strömung fortgerissen.
Er wollte sich schon verloren geben, da sah er über seinen Augen einen funkelnden Glanz. In letzter Verzweiflung griff er danach und faßte den Knauf des Springstockes, mit dem er von der fremden Frau aus dem Wasser gezogen wurde.
Mut hast du, lobte sie lachend, *und darum sollst du auch nicht durch deinen kühnen Sprung umkommen, den du meinethalben gewagt hast, wenn er auch nicht gelungen ist. Aber sieh, deine Werbung hätte ich doch niemals erhören können. Ich bin nämlich die Springtide, die jeden Monat das Wasser erregt. Dat is Spring in 't Water, sagen die Leute an der Küste dann, wie du wohl weißt, denn das Wasser steigt dann höher als sonst gegen die Inseln und Küsten. Diese beiden Inseln hier liegen mir viel zu nahe beieinander. Der Flutstrom muß sich jedesmal quälen, wenn er durch das enge Tor hindurch will, um das Wattenmeer zu überströmen. Da mach ich denn bei jeder Springtide den Durchlaß breiter. Bei dieser Arbeit hast du mir Gesellschaft geleistet. Das war nett von dir, aber jetzt müssen wir uns trennen.*
Sie reichte dem verdutzten Strandläufer die Hand, setzte den Springstock in die Flut und sprang davon. Er hatte wohl bemerkt, daß sie ihm noch rasch etwas in die Jackentasche gesteckt hatte. Er griff hinein und holte ein faustgroßes Stück Bernstein hervor. Da nahm er das Bündel Treibholz wieder auf den Nacken und wanderte seinem Hause im Loog zu.

Ebbas grüne Wiege

Vor Zeiten wohnte in der Marsch ein reicher Bauer, der hatte alles, was sein Herz begehrte. Er besaß einen großen Hof, fette Weiden, gesegnete Äcker, fruchtbares wertvolles Vieh, harte Taler in der Truhe und nannte ein schönes junges Weib, Wübke mit Namen, sein eigen. Wübke trug Kleider, die steif waren von goldener Stickerei und silbernen Platten, ohne daß sie deshalb hoffärtig geworden wäre. Soweit hätte der Bauer durchaus mit seinem Los zufrieden sein können, wenn dem Hof nicht der Erbe gefehlt hätte.

So sehr sich Wübke und ihr Mann auch ein Kind wünschten, dieser Wunsch blieb ihnen als einziger versagt, so daß der Bauer mit der Zeit mürrisch und seines Reichtums überdrüssig wurde. Fluchend schritt er nun oft hinter seinen Pferden über den fetten Marschboden und haderte heimlich mit seinem Weibe. Als Wübke merkte, daß ihr Mann ihr die Schuld beimaß, und sie befürchten mußte, ihn eines Tages ganz zu verlieren, weil der Hof ohne Erben blieb, war sie tief bekümmert. Jeden Abend ging sie an das Meer und weinte ihren Kummer aus.

Da, eines Abends, als gerade Flut geworden war, und ihre Blicke über die Unendlichkeit des Wassers schweiften, erschrak sie vor Überraschung. Nahe am Deich trieb eine grüngestrichene Wiege auf dem Wasser. Sie schürzte den Rock und watete hinaus, um die Wiege an Land zu ziehen. In der Wiege war alles auf den Empfang eines kleinen Erdenbürgers vorbereitet. Die Seitenwände waren hübsch bemalt mit roten Herzen und bunten Blumen, die kleinen blaugewürfelten Kissen waren frisch aufgeschüttelt. Aber bevor Wübke die Wiege ganz an Land ziehen konnte, wurde diese von der anderen Seite festgehalten. Ein junges Mädchen tauchte dahinter aus der Flut.

He, nimm mir nicht mein schönes Spielzeug fort, sonst sag ich 's meinem Vater. Ich bin nämlich Ebba, des mächtigen Jan Rasmus' jüngste Tochter.

Ach, ich wollte dir die Wiege doch nicht wegnehmen, antwortete Wübke betroffen. *Aber, wenn ich eine Wiege sehe, dann wird mir zugleich froh und schwer ums Herz.* Wübke erzählte der aufmerksam zuhörenden Ebba nun ihr Geschick, und wie sehr sie sich ein Kind wünsche.

Ganz das gleiche wünsch ich mir ja auch, rief Ebba aus, als Wübke ihre Erzählung beendet hatte. *Die Wiege hat mir mein Vater geschenkt, aber er sagte, ein lebendiges Menschenkind sei kein Spielzeug. Ich müßte schon eine Menschenfrau darum bitten, aber schwerlich würde ich einer Mutter an der Küste begegnen, die ihr Kind verschenken wolle. Aber ich weiß einen Ausweg. Vielleicht gefällt dir mein Vorschlag, und dann ist uns beiden gedient. Ich bitte die Mutter, daß dein Wunsch in Erfüllung geht. Meine Mutter, mußt du wissen, ist nämlich die fröhliche Frau Flut und bringt den Menschen hinter den Deichen die kleinen Kinder, aber sie kann und darf sie eben nur den Menschenfrauen bringen. Wenn ich nun dafür sorge, daß dein Wunsch in Erfüllung geht, dann mußt du auch mir gefällig sein, daß wir uns beide deines Kindes erfreuen können. Darum möchte ich, daß während der Tide das Kind dir gehören soll, wenn aber die Ebbe läuft, nehme ich es mit ins Meer zurück, spiele mit ihm, versorge es und bringe es dir getreulich mit jeder Tide wieder.*

Gleichermaßen von Freude und Schmerz durchdrungen, stimmte Wübke dem Vorschlag zu und verabschiedete sich dann herzlich von Ebba. Die grüne Wiege aber nahm sie mit nach Hause und stellte sie voller Hoffnung in ihrer Kammer auf.

Nach der Zeit gebar sie einen frischen Jungen, den sie mit frohem Herzen in die Wiege legte. Sie war so glücklich, daß sie gar nicht mehr an ihr Versprechen dachte. Aber vor dem Deich, hinter dem die Felder des Bauern lagen, begann das Meer unruhig zu rauschen. Das Kind in der Wiege schrie unaufhörlich und war auch durch Nahrung nicht zu stillen. Inzwischen wuchs das Wasser vor den Deichen derart, daß man schon einen Deichbruch befürchtete, zumal es an einer Stelle schon einen Kappensturz gegeben hatte. Nun erst wurde Wübke in tiefem Erschrecken an ihr Versprechen erinnert. Um Unheil von Hof und Heimat abzuwenden, gestand sie ihrem Manne weinend die Vereinbarung, die sie mit Ebba getroffen hatte. Der Bauer verzieh ihr und trug das Kind

Samples 6

rasch in der Wiege an das Meer. Sogleich sank das Wasser und beruhigte sich. Der Ebbstrom nahm das winzige Gefährt auf seinem Rücken weit in das Meer hinaus. Wübke war trostlos und weinte die ganze Nacht hindurch, aber am anderen Tag schien die Sonne wieder freundlich über Land und Meer. Der Bauer ging von Zweifeln gepeinigt an das Gestade und siehe da, zum Greifen nahe schaukelte Ebbas grüne Wiege auf der Flut. Darinnen lag das Kind, wohlversorgt und lächelnd, aber bald schrie es und wollte gestillt werden. Da trug es der Vater glücklich auf den Hof zurück.

So ging es nun bei jeder Flut. Als die Mutter wieder aufstehen konnte, lief sie selbst über den Deich, um Ebba ihr Kind zu bringen oder es wieder heimzuholen. Der Junge war immer gesund und gedieh vortrefflich, aber in der Zeit, wo er fort war, wollten die Herzen der Eltern vor Sehnsucht schier vergehen. Sie dachten bei sich, daß sie auf die Dauer so über ihr Kind nicht glücklich werden könnten. Da entschloß sich Wübke, Ebba all das zu schenken, an dem sonst leicht das Herz junger Frauen hängt, um damit Ebba zu versöhnen, wenn sie das Kind für sich zurückbehielt. Sie löste den Gold- und Silberschmuck von den Staatskleidern, der Bauer wechselte alle Taler in rotes Gold und verschrieb in einem versiegelten Brief Ebba den ganzen Hof. Dies alles legten sie in die grüne Wiege und brachten sie so gemeinsam, randvoll gefüllt mit Kostbarkeiten, bei Beginn der Ebbe an den Deich. Die Ebbe nahm die goldglitzernde Wiege weit mit in das Meer hinaus, während das Kind zu Hause im breiten Alkovenbette lag und unaufhörlich schrie. Um Mitternacht lief eine solche Sturmtide vor dem Deich auf, wie man sie seit Jahrzehnten nicht mehr erlebt hatte. Das Meer raste mit weißgeköpften Wogenkämmen an den Deich, donnerte gegen die Siele und brüllte wie Millionen wilder Wölfe, und das Land hinter den Deichen geriet wiederum in große Not. Da erkannten Wübke und ihr Mann, daß Ebba mit dem angebotenen Tausch nicht einverstanden war und auf ihrem Recht bestand.

Wübke sagte ihrem Mann, sie selbst wolle draußen mit Ebba sprechen und sie bitten, ihr allein das Kind zu lassen. Derweil sie an

die See ginge, solle ihr Mann das Kind hüten. Der Bauer bewaffnete die Knechte mit Äxten, Spaten, Forken und aufrechtgestellten Sensen, während Wübke über den Deich lief und laut Ebbas Namen rief. Es dauerte auch nicht lange, da tauchte Ebba aus der Flut, und das Wasser quoll aus ihren dichten Haaren.
Wo hast du unser Kind, Wübke?
Ach, ich allein habe es mit Schmerzen geboren. Es ist doch mein Kind und nicht unser Kind, darum sei gütig und laß es mir in Zukunft ganz. Du glaubst nicht, was eine Menschenmutter leidet um ihr Kind. Wenn du es wüßtest, würdest du meine Bitte erfüllen. Du mußt wissen, daß eine Mutter ihr Kind mehr liebt als sich selbst.
Ebba hatte Wübke ruhig angehört, aber sie begriff sie nicht ganz und bestand auf dem Vertrag. Da bot Wübke Ebba ihr eigenes Leben für ihr Kind und sprang ohne weiteres Besinnen in das Meer, aber Ebba fing sie in ihren jungen starken Armen auf und trug sie an das Ufer zurück.
Wenn die Mutterliebe der Menschen so groß ist, sagte sie gerührt, *sollst du dein Kind behalten. Aber ich bitte dich, komm zuweilen mit dem Jungen an den Deich und laß ihn dort spielen, damit ich mich an seinem Anblick erfreuen kann, denn auch ich hab' dein Kind, das ja doch einmal unser Kind gewesen ist, liebgewonnen.*
Wübke versprach es gern und war überglücklich.
Der Vater sagte einmal zu mir, hörte Wübke Ebbas klangvolle Stimme, *wir sind ewig, aber das Leben der Menschen selbst ist nur eine Leihgabe, eine Wiegenfahrt zwischen Ebbe und Flut, wobei noch ein Teil eures Lebens dem Schlaf gehört, einem ungewissen Niemandsland zwischen Traum und Werden, das einmal der Flut gehört und dann wieder der Ebbe.*
So sprachen die beiden Frauen noch ein Weilchen miteinander, während sich die Wasser beruhigten und die Flut auf den gewöhnlichen Stand zurücksank. Ebba bat noch darum, daß der Junge später einmal Kapitän werden solle, damit sein Leben dem Meer gehöre, was Wübke diesmal aus freiem Herzen zugestand. Der Junge wuchs nun mit jeder Tide um ein Haarbreit und war später in seinen Spielen nicht vom Wasser fortzuschlagen. Den

ganzen Sommer hindurch bis in den späten Herbst schwamm er in der See und ließ kleine selbstgefertigte Schiffe treiben. Als er aber großgeworden war, heiratete er ein Inselmädchen und wurde ein berühmter Kapitän. Als Wübkes Enkelkind geboren wurde, legte sie es in Ebbas grüne Wiege. Hiervon ist noch besonders zu berichten, daß während der Geburt die Springtide einen Kranz aus Seetang über den Deich in den großen Polder warf, der Wübke und ihrem Mann gehörte. Der Kranz war aber so schwer, daß der inzwischen alte Bauer einen Wagen anspannen mußte, um ihn heimzufahren. Als man auf dem Hofe angelangt war und den Kranz herunterheben wollte, stellte sich heraus, daß er sich in pures Gold verwandelt hatte. Das war Ebbas Morgengabe für Wübkes Enkelkind, das selig in seiner grünen Wiege schlief.

Helling Hoh

Schon seit vielen Geschlechtern war die Schiffswerft Helling Hoh im Besitz derselben Schiffbauerfamilie, der auch Meister Hemmo entstammte. Sie war nicht groß, aber sie nährte ihren Mann. Die Werft lag vor der Hafeneinfahrt einer friesischen Stadt, die durch ein breites Tief mit der Nordsee verbunden war. Mehr als zwei Fahrzeuge konnten gleichzeitig nicht zur Ausbesserung auf den hölzernen Gleitkufen der Werft liegen, die aus dem Wasser auf das trockene Land führten, während eine dritte Helling den Neubauten vorbehalten war. Noch nie aber hatte ein Werftbesitzer an der Küste so geschickt zu arbeiten gewußt wie Meister Hemmo. Man mußte schon Glück haben, wenn er einen Auftrag annahm, denn viele warteten auf die Hand des Meisters, die schon so manchen Grundriß guter Segler entworfen und gebaut hatte.

Hemmos Haus stand hinter seiner Werft auf dem Deich, wo ihm bei Sturmfluten die Wasser nichts anhaben konnten. Darum war er auch in dieser herbstlichen Sturmnacht sorglos und müde unter die Decke ins warme Bett geschlüpft.

Gegen Mitternacht wurde er jäh aus dem Schlaf geweckt. Laut dröhnte der erzene Türklopfer durch das Haus. Verdrossen fuhr Hemmo aus dem Bett und in die Hosen, um nachzusehen, welcher Besuch ihn zu so später Stunde noch stören wollte.

Als er öffnete, riß ihm der Wind die Tür aus der Hand und polterte ungestüm ins Haus. Vor Hemmo aber stand ein Mann in einem schwarzen Umhang, mit einem altmodischen Kapitänshut auf dem Kopfe und einem Wassereimer in der Hand.

Verzeiht die Störung, Meister, verbeugte sich der Fremde kaum merklich, *aber es ist eilig und duldet keinen Aufschub. Mein Schiff liegt draußen und muß auf die Helling. Der Schiffsboden muß abgekratzt und neu geteert werden. Die Arbeit muß erledigt sein, bevor die Sonne aufgeht. Macht keine Umstände und geht ungesäumt ans Werk.*

Herr, was bildet Ihr Euch ein? widersetzte sich Hemmo. *Es dürfte Mitternacht sein, um welche Zeit ehrbare Handwerker zu schlafen pflegen. Wenn es auch eine sternhelle Nacht ist, so kann ich*

doch nicht viel sehen. Außerdem kann ich zu dieser Stunde keine Leute herbeiholen, die mir helfen, das Gangspill zu bewegen. Oder wollt Ihr das Schiff etwa ohne Trosse und Winde auf der Gleitkufe der Helling an Land ziehen?
An Hilfe wird es nicht mangeln, versetzte der fremde Kapitän, so daß Hemmo ein Grausen ergriff, *und an Lohn noch weniger. Ihr brauchtet wohl bis an das Lebensende nicht mehr zu arbeiten, wenn Ihr mir helfen würdet.*
So sehr sich der Meister auch sträubte, zuletzt gab er doch nach, holte sein Werkzeug und folgte dem Fremden in die sternhelle Nacht. Wie erschrak er aber, als er auf der größten der drei Hellingen, die gestern erst frei geworden war, bereits ein hochgetakeltes Schiff liegen sah, dessen schwere Segel gerafft an den Masten hingen.
Macht Euch nur munter an die Arbeit, sie wird Euch schnell von der Hand gehen, forderte der Fremde.
Aber ganz allein kann ich es unmöglich bis zum Morgengrauen schaffen, antwortete der Meister.
Ihr könnt es, nur zögert nun nicht länger.
Da trat Hemmo unter das geheimnisvolle Fahrzeug und begann, die angesetzten Muscheln vom Schiffsboden abzutragen. Die Schalen fielen klirrend zur Erde, als ob sie aus Metall seien und blinkten im ungewissen Licht wie Silber.
Hemmo bemerkte in fassungslosem Staunen, daß die Muscheln, sobald er sie abgekratzt hatte, als harte Taler zur Erde fielen.
Der Schweiß trat ihm im Eifer der Arbeit auf die Stirn, und ehe er es sich versah, war er auch schon mit der Backbordseite des Schiffes fertig. Nun wollte er sich eine kleine Ruhepause gönnen und über das Fallreep das Deck des geheimnisvollen Schiffes betreten. Kaum hatte er jedoch die Höhe der Reling erreicht, als ein mächtiger Wolfshund mit fletschendem Gebiß, rot heraushängender Zunge und feurigen Augen über ihm stand und ihm jedes Vorwärtskommen verwehrte.
Gebt Euch keine Mühe, Ihr könnt das Deck des Schiffes doch nicht betreten, hörte er plötzlich die Stimme des Kapitäns über sich. *Beeilt Euch lieber mit der Arbeit.*

Hemmo erschrak heftig, sprang vom Fallreep herunter und setzte seine Arbeit auf der Steuerbordseite des Schiffes fort. Auch hier klirrten die abgekratzten Muscheln als Taler zur Erde. Die Arbeit ging ihm so schnell von der Hand, daß er schon nach kurzer Zeit vorsichtshalber den Teertopf aufs Feuer setzte, damit er gleich mit dem Anstrich des Schiffsbodens beginnen konnte, wenn das Abtragen getan war.
Während der Arbeit versuchte er immer wieder, hinter das Geheimnis des Schiffes zu kommen, aber es wollte ihm nicht gelingen. Kein Laut verriet, ob der schwarze Segler außer dem Kapitän eine menschliche Besatzung hatte und welche Ladung unter der Persenning der Decksluken verborgen sein mochte. Ein seltsames Fahrzeug, dachte Hemmo bei sich, und ein noch seltsamerer Kapitän. Manchmal kam es ihm vor, als habe er den dunklen Kapitän schon öfter in seinem Leben gesehen, aber die flüchtige Erinnerung fügte sich nicht zum Bild eines bestimmten Menschen.
Viel schneller als er geglaubt hatte, war Hemmo mit der Säuberung des Schiffsbodens fertig und ging nun daran, das Fahrzeug vom Kiel bis zur Wasserlinie mit Teer zu streichen.
Als die Sterne schon blasser wurden und ihren Schimmer zu verlieren begannen, sah der Kapitän über die Reling und trieb Hemmo zur Eile.
Ihr müßt vor dem Morgengrauen fertig sein, Meister. Eilt Euch, denn bevor die Sonne aufgeht müßt Ihr Euren Lohn eingesammelt und ins Haus gebracht haben.
Ich tu schon, was ich kann, keuchte Hemmo, *nur noch das kleine Stück am Heck, dann bin ich fertig.*
Es dauerte auch nicht mehr lange, da hatte er auch das Heckstück gestrichen und konnte mit dem Werk dieser Nacht wohl zufrieden sein. Rasch holte er einen Torfkorb, schaufelte ihn voll Taler und brachte ihn ins Haus. Als er zur Helling zurückkam, sah er den Kapitän am Hauptmast des geheimnisvollen Fahrzeuges stehen.
Kapitän, bat Hemmo eindringlich, *sagt mir doch, wem ich Lohn und Arbeit dieser seltsamen Nacht verdanke. Manchmal meine ich, Euch schon des öfteren gesehen zu haben, aber es muß ja gewiß eine Täuschung sein.*

Haltet Euch nicht mit Fragen auf, wenn Ihr die Taler rechtzeitig ins Haus bekommen wollt. Eins kann man nur wählen – Antwort oder Geld.
Noch nie sah ich auf einem Fahrzeug an Back- und Steuerbord so mächtige Außenbordslaternen, verwunderte sich Hemmo. *Sagt mir doch wenigstens, was das zu bedeuten hat.*
Bringt lieber noch einen Korb voll Taler hinein, schmunzelte der Kapitän. *Die Fragen könnten Euch leicht gereuen, denn schon höre ich das Tönen der Sonne vor dem Aufgang. Aber wie Ihr wollt. Seht mich nur richtig an, dann erkennt Ihr mich zuletzt doch noch, denn schon als Kind habt Ihr mich manches Mal betrachtet, wenn Ihr an der Hand der Mutter durch eine stille Nacht gegangen seid. Ich bin der Mann im Mond und segle nun schon seit unzähligen Zeiten mit dem Beiboot der Erde als Kapitän des Mondschiffes um diese herum. Und sieh, die große Laterne an Backbord ist der zunehmende und die an Steuerbord der abnehmende Mondschein. Bei Neumond aber, so wie heute, sind beide Laternen dicht geschlossen und Ihr müßt Euch auf der Erde allein mit dem Schein der Sterne behelfen. Alle tausend Jahre einmal muß mein Schiff auf die Helling, um abgekratzt und neu gestrichen zu werden. Es wird wohl noch lange halten, aber einmal wird es so morsch sein wie jedes andere gute Schiff. Dann endlich kann auch ich von Bord gehen. Bis dahin jedoch vergehen mehr Jahre, als Menschen denken können. Und nun eilt Euch, wenn Ihr noch etwas als Lohn für Euch bergen wollt.*
Hemmo ließ es sich nicht zweimal sagen und schaufelte rasch den Torfkorb wieder voll. Bevor er jedoch damit die Treppen zu seinem Hause erstiegen hatte, fuhr der erste Sonnenstrahl im Osten über den Himmel und durchschnitt die Trosse, an der das geheimnisvolle Fahrzeug auf der Helling vertäut lag, als ob eine lodernde Flamme sie durchbrannt hätte.
Das Fahrzeug glitt blitzschnell von der Helling ins Wasser, wobei unter dem Kiel des Schiffes ein Funkenregen in den grauenden Morgen stob, und war dann schnell in den aufsteigenden Nebeln entschwunden.

Hemmo ließ überrascht den Korb sinken, die Taler hatten sich wieder in Seemuscheln verwandelt; auch zu beiden Seiten der Helling lagen die vom Schiffsboden gekratzten Taler nun wieder als Muscheln am Boden.
Er eilte ins Haus und freute sich, daß wenigstens die Taler ihre klingende und blitzende Gestalt behalten hatten, die er vor dem Morgengrauen ins Haus gebracht hatte. Ein Torfkorb voll Taler, nun, was dünkt euch, das war doch auch genug für die Arbeit einer einzigen Nacht.

Der Schweinsrücken

Es war einmal ein Bauer, der hatte ein Schwein im Stall, das goldene Borsten hatte. Es war ein richtiges Glücksschwein, denn die Wirtschaft des Hofes gedieh überaus gut, und es mangelte an nichts. Da ritt den Bauern die Geldgier. Er dachte: *Ein Schwein mit goldenen Borsten, das kannst du teuer auf dem Markt in der Stadt verkaufen, denn die Stadtleute sind besonders für äußeren Glanz zu haben. Möglich, daß die Frau Bürgermeisterin selbst ein Angebot darauf abgibt.*

Die Bäuerin wollte nichts von dem Verkauf wissen und sagte: *Du verkaufst das Glück aus dem Haus, laß dir doch raten, Mann.*

Wenn du einen Strumpf voll goldenem Klingklang im Bettstroh verstecken kannst, wirst du auch zufrieden sein, erwiderte der Bauer. *Laß mich nur gewähren! Von Geschäften verstehe ich mehr als du.*

Er ließ also anspannen und ging in den Stall, um den goldborstigen Specknacken auf den Wagen zu laden. *Laat mi blieven, laat mi blieven!* quiekte das Schwein, denn es dachte sich wohl, daß der Bauer es zum Schlachten verkaufen wollte.

Siet wennehr hebben de Swien mittoproten! antwortete der Bauer ärgerlich, trieb das Tier aus dem Stall vor sich her und schaffte es auf den Wagen.

Fohr mi torügg, fohr mi torügg, grunzte das Goldborstige hinter dem Rücken des Bauern, aber der langte nur mit der Peitsche nach dem widerstrebenden Tier und trieb dann die Pferde zu schnellerer Gangart an, um die nahe Stadt bald zu erreichen.

Krach, machte da eins der Räder und nochmals *Krach.* Durch den Radbruch kippte der Wagen um, die Pferde gingen durch, und das Schwein nahm schleunigst Reißaus, wurde aber von dem Bauern doch wieder eingeholt und nun zu Fuß der Stadt zugetrieben. Der Bauer war wütend geworden durch den erfahrenen Schaden, aber beileibe nicht klug. Er dachte nur einen höheren Gewinn aus dem Tier herauszuschlagen, denn nun mußten ja auch der Wagen und die durchgegangenen Pferde einkalkuliert werden. Schließlich bot unser liebes Säulein dem Bauern an, ihn auf seinem Rücken nach Hause zurückzutragen, aber er wollte nichts davon wissen, denn er dachte, ein dummes Schwein könne keinen guten Vorschlag machen.

So kamen die beiden endlich miteinander in die Stadt und auf den Markt, wo das goldborstige Schwein, das sogar sprechen konnte, großes Aufsehen erregte. Die Angebote übertrafen sich, aber keines bekam den Zuschlag, immer war es dem Bauern noch nicht genug. Die Bürgermeisterin hatte gerade noch einmal geboten, da kam ein dicker Mann mit einem großen Messer auf den Markt und bot gleich dreimal soviel wie alle, die vor ihm geboten hatten. Das Schwein begann aus Leibeskräften zu quieken, riß sich los und rannte davon. Die Bürgermeisterin wollte als erste das Tier aufhalten und breitete die weiten Röcke. O weh, sie wurde über den Haufen gerannt und stürzte rücklings in einen Korb voller Eier.

Die Stadtwächter kreuzten die Hellebarden, aber das Goldborstige sprang einfach darüber hinweg. Der ganze Marktbetrieb geriet durcheinander. In wirrer Hast stob die Menge, an der Spitze der Bauer, dem fliehenden Tiere nach aus der Stadt heraus. Der Magistrat dachte an Aufruhr und ließ die Sturmglokken läuten, während die Landsknechte fürchteten, daß in der Stadt die Pest ausgebrochen sei und sich in ihre Häuser einschlossen. So stürzte die wilde Jagd dem goldborstigen Schweine hinterdrein auf den unfernen Seedeich zu, hinter dem das Meer grollte.

Das Schwein funkelte mit seinen goldenen Borsten in der Sonne, als ob es brannte. Zuletzt blieb es oben auf der Deichkrone stehen, als erwarte es den Bauern, der einige Pferdelängen vor der Menge dahinjagte. Endlich bei dem entwichenen Tier angelangt, warf sich der Bauer schimpfend darüber und umklammerte es mit Armen und Beinen. Da raste das Schwein den grünen, seewärts gekehrten Hang hinab. Auf seinem Rücken ritt der Bauer, der es nicht loslassen wollte und laut um Hilfe schrie. Die Menge rannte ihm blindlings nach, bis das Meer über allen zusammenschlug und das verfolgte Tier mitsamt seinen Verfolgern unter seiner graugrünen Flut begrub.

Dort, wo das goldborstige Schwein verschwunden war, wölbte sich fortan zur Ebbezeit der Meeresboden wie ein speckiger Nacken, so daß diese Plate von den Seeleuten Swiensrügg genannt wurde. Wenn die Sonne auf das Watt schien, konnte man deutlich sehen, wie die goldenen Borsten durch den Schlick hindurchdrangen. Ja, wer abends an den Deich kam, konnte es unter Wasser grunzen hören, denn der Schweinsrücken im Watt wurde immer dicker und breiter, als ob er von Tag zu Tag üppiger gemästet würde. Zuletzt bedeckte das Wasser den Schweinsrücken zur Flutzeit nur noch eine Elle hoch, und viele glaubten schon, daß die Plate sich zu einer Insel erhöhen würde.

Die Geschichte von dem über den Deich gelaufenen, goldborstigen Schwein kam auch einem armen Tagelöhner zu Ohren, der gar zu gern einige Speckseiten im Rauchfang seiner Hütte gesehen hätte, nach denen er für sich und seine stets hungrige Familie nach Herzenslust langen konnte. Er borgte sich ein gewaltiges Messer aus und wanderte damit den Deich entlang bis dorthin, wo der Schweinsrücken sich im Watt emporwölbte. Er wartete die tiefste Ebbe ab, zog die Schuhe aus, krempelte die Hosen hoch und wanderte in das sonnenüberglänzte Watt hinein.

Die Goldborsten des Schweinsrückens lugten wie unzählige glänzende Stacheln durch den Schlick. Mühsam und mit zerkratzten und blutenden Fußsohlen erstieg der einsame Wattläufer den Schweinsrücken, das blinkende Speckmesser in der Hand. Er mußte aufpassen, daß er auf dem fettglänzenden Boden nicht ausrutschte. Wie erschrak er aber, als es unter ihm zu grunzen anhob, als ob eine ganze Herde Säue das Watt durchwühlte. Das Messer entfiel seiner Hand und blieb im Schweinsrücken stecken. Nun quiekte es unter ihm, als ob ein Tier getroffen sei. Dann hörte er es deutlich aus der Tiefe sagen: *Warum kiddelst du mi, Mann?*

Ach, entschuldigte sich der Tagelöhner, *ich habe eine große Familie zu Hause und weiß nicht, wie ich sie satt kriegen soll. Gar zu gern würde ich einige Speckseiten unter der Küchendecke baumeln sehen, damit wir besser durch den Winter kommen.*

Na, dann will ik wall stillhollen, darmit du di en Stück Speck ut mien Puckel snieden kannst, grunzte die Stimme freundlich.
Der Tagelöhner ließ sich nicht zweimal nötigen, nahm das Messer wieder auf und schnitt sich eine gehörige Speckseite aus dem fettglänzenden Rücken. Er bedankte sich vielmals, verstaute das herausgeschnittene Stück Watt in seinem Rucksack und stieg damit wieder an Land.
Die Reise auf dem Deich entlang nach Hause wurde ihm recht beschwerlich, denn die Sonne brannte herab, und die Last auf seinem Rücken drückte ihn unerträglich. Aus seinem Rucksack begann es ihm naß auf die Hacken zu träufeln. Er dachte, es ist das Seewasser, das aus dem Wattstück herausläuft. Als er aber einmal innehielt, um zu verschnaufen, bemerkte er, daß es schieres Fett war, das unter der Sonnenglut aus seinem Rucksack schmolz.
Zufrieden setzte er seinen Weg fort. Als er gegen Abend zu Hause angelangt war, packte er seine Beute aus: Das Wattstück hatte sich in eine schiere Speckseite verwandelt und schmeckte so frisch und köstlich wie reine Nuß. Als sich alle gehörig satt gegessen hatten, hing der Hausvater die Speckseite in den Rauchfang. Am anderen Mittag wurde sie schon wieder heruntergeholt, da war der gestern abgeschnittene Streifen von selbst nachgewachsen. Nun gab es keine Not mehr im Hause des Tagelöhners, bis eines Tages alle des ewigen Speckessens überdrüssig wurden und nach Schinken verlangten. Da wuchs die Speckseite nicht wieder nach, während der Schinken auf sich warten ließ. Auch eine erneute Reise zum Schweinsrücken fruchtete nichts. Es grunzte und quiekte nicht, als der Tagelöhner diesmal mit dem Speckmesser zustach. Als ihm unterwegs wieder etwas auf die Hacken träufelte, war es kein von der Sonne ausgebratenes Fett, sondern klares Meerwasser, und das Wattstück wollte sich nicht wieder in eine wohlschmeckende Speckseite verwandeln.

Der Stadtschreiber in der Heringstonne

Der Stadtschreiber Pennlicker unternahm einst eine Seereise, obwohl alle Tanten und Verwandten entschieden davon abgeraten hatten. *Das Wasser hat keine Balken,* sagte die eine Tante, während die andere warnte: *Wer sich in Gefahr begibt, kommt darin um.* Um so mehr fühlte sich der Stadtschreiber als ein wahrer Held, der keine Gefahren scheute. Vorsorglich rüstete er sich gegen einen Überfall durch Seeräuber und schnallte sich einen langen Degen um, der kriegerisch auf dem Pflaster hinter ihm herklirrte, bevor er sich für seine Reise einschiffte. Er ging an Bord eines Kauffahrers und wurde schon am ersten Tage seekrank, aber es sollte noch weit schlimmer kommen. Die Befürchtungen der Verwandten sollten sich voll bewahrheiten, ja sogar in mancher Hinsicht übertroffen werden. Er war wirklich in ein schreckliches Verderben hineingerannt, denn der Kauffahrer wurde eine willkommene Beute der Piraten. Das Schiff wurde von den Seeräubern geentert und im Sturm genommen.

Er versuchte auszureißen und sich unter einem Rettungsboot zu verstecken, aber auf dem glatten Deck stolperte er über seinen langen Degen, fiel der Länge nach hin und wurde ergriffen. Da er eine Waffe trug, wurde er als ein gefährlicher Gegner und reicher Gefangener angesehen, von dem man sich ein gutes Lösegeld erhoffen durfte. Man sperrte ihn deshalb in ein Heringsfaß, in dessen oberen Deckel man ein Loch für seinen Hals geschnitten hatte, so daß nur der Kopf noch heraussah. In solch enge Behältnisse pflegten die Seeräuber damals ihre Gefangenen zu zwängen, damit sie nicht entfliehen konnten.

Der arme Stadtschreiber wußte gar nicht, wie ihm geschah, als er sich mit solch einem hölzernen Wams versehen sah. Man stellte ihn mit anderen, gleich ihm eingeschlossenen Gefangenen an das Deck des Piratenschiffes, wo der Wind in seinen Haaren wühlte und die überkommenden Brecher ihm die Wangen näßten, sofern die Tränen es nicht taten. Ganz arg aber wurde es, als ein Sturm

aufkam und die Fässer mit den Gefangenen in Bewegung gerieten und zuletzt über Bord ins Wasser rollten. Hilflos mußte der arme Stadtschreiber alles mit sich geschehen lassen. Er sollte aber Glück im Unglück haben, denn die Heringstonne trieb mit dem freien Kopf des Stadtschreibers nach oben im Wasser, so daß er nicht erstickte und fürs erste gerettet war.
Die Meeresströmung warf die Tonne endlich an den Strand einer Insel, wo sie bei Ebbe auf dem trockenen Sande stehen blieb. Der Stadtschreiber begann laut um Hilfe zu rufen, aber niemand hörte ihn.
Gegen Abend kam ein alter Strandläufer vorbei, den er voll Hoffnung mit lauter Stimme anrief. Der Strandläufer erschrak über die Maßen, als er die Rufe hörte und den Kopf über der Heringstonne sah. Er lief so schnell er nur konnte davon, und je lauter der Stadtschreiber schrie, desto schneller rannte der Strandläufer fort.
Er eilte schnurstracks zum Inselvogt. *Herr Vogt, an unserer Küste ist ein furchtbares Untier gelandet. Es hat einen hölzernen Leib, fast wie eine Heringstonne. Auf diesem greulichen Panzer sitzt ein Kopf, der mit menschlicher Stimme redet.*
Ich habe wohl schon von gewaltigen Schildkröten gehört, antwortete der Vogt, *aber noch nie, daß solche Wesen mit menschlicher Stimme reden.*
Es ist gewiß ein schreckliches Ungeheuer, beteuerte der Strandläufer, *das unsere Insel mit Unheil bedroht. Alle Männer des Dorfes müssen sich bewaffnen und dem Untier zu Leibe gehen.*
Also geschah es auch. Die Sturmglocke rief die Männer zusammen, die sich mit Armbrüsten und Bootshaken bewaffneten und dann unter Führung des Strandvogtes ausrückten, um das vermeintliche Untier zu erlegen. Der Strandläufer zeigte den Weg, und so fand man schnell die Stelle, wo der arme Stadtschreiber in seiner Heringstonne gestrandet war.
Die Männer schwärmten aus und kreisten die Tonne ein. Auf Befehl des Inselvogtes schossen alle zugleich ihre Pfeile mit der Armbrust ab. Es war ein wahres Glück für den Stadtschreiber, daß alle auf die Tonne statt auf seinen Kopf geschossen hatten, denn

niemand wollte gerne das Ziel verfehlen, und so hatten alle darum auf den großen Bauch des Ungeheuers gehalten. Jetzt zitterten die Pfeilschäfte wie ein Federkranz rings um die Tonne herum. Das Herz des Stadtschreibers erbebte aber noch mehr, als er seinen hölzernen Panzer so geschmückt sah. Er begann jämmerlich zu schreien und um Gnade zu bitten.

Es scheint mir fast, als wenn sich das Ungeheuer ergeben will, sagte der Strandvogt. *Es scheint genug zu haben. Es ist nur seltsam, daß der Leib nicht zu bluten beginnt, denn wenn unsere Pfeile nicht tief genug in den Panzer des Untieres eingedrungen wären, würde es nicht so jämmerlich geschrien haben.*

Merkwürdig ist auch, daß das Ungeheuer nicht zu entrinnen sucht, meinte der Strandläufer, aber ihm wurde entgegnet, daß das Tier sich vielleicht nur im Wasser zu bewegen vermöge. Einmal gestrandet, sei es hilflos wie eine Qualle, welche die Flutwelle an den Strand geworfen habe. Es wurde auch darauf hingewiesen, daß es Käferarten gäbe, die hilflos verenden mußten, wenn sie einmal auf den Rücken gefallen waren.

Die Männer hielten Kriegsrat ab und beschlossen, gemeinsam gegen das Untier vorzustürmen und es so von allen Seiten zugleich zu überrumpeln.

Gesagt, getan. Mit gefällten Spießen, geschwungenen Bootshaken und Enterbeilen stürmte man mit furchtbarem Geschrei, um die Angst zu übertönen, auf den armen Stadtschreiber in der Heringstonne los, über dessen Kopf man einen dicken Sack warf, sobald man gefahrlos bei ihm angelangt war. Nun wurde er auf eine Karre verladen, ins Dorf geschafft und über Nacht im Spritzenhaus verwahrt.

Am anderen Morgen brachte man das lästige Ungetüm auf ein Schiff und schaffte es zur Küste hinüber. Dann ging es auf einem Rollwagen unter starker Bedeckung in die Kreisstadt, der unser Stadtschreiber entstammte und von wo aus er seine Reise angetreten hatte.

In der Stadt gab es einen Auflauf, als der seltsame Zug das Tor passierte und sich das Gerücht von dem gefangenen Seeungeheuer verbreitete. Von dem Lärm der Menge erschreckt, gingen

1696

zuletzt die Pferde durch. Der Wagen fuhr gegen den Rinnstein, kippte um und ließ die Heringstonne in den Keller eines Hauses rollen, dessen Tür gerade offen stand und von dem eine Treppe zur Straße hinaufführte.

Krachend schlug die Tonne von Stufe zu Stufe auf, so daß dem Stadtschreiber zuletzt Hören und Sehen verging. Als er wieder zur Besinnung kam, merkte er, daß sein hölzernes enges Gefängnis durch den Sturz gesprengt und zerborsten war. Er lag zwischen zersplitterten Weinflaschen lang ausgestreckt auf dem Boden des Kellers. Mühsam erhob er sich mit zerschundenen Gliedern.

Auf der Straße waren der Tumult und die Erregung der Menge inzwischen noch größer geworden. *Das Ungeheuer ist entflohen und in den Keller gesprungen,* schrien die Leute.

Die Stadtsoldaten kamen und stellten sich mit gefällten Hellebarden um das Haus. Der Bürgermeister kam hinzu und setzte hohe Belohnungen für die tapferen Freiwilligen aus, die in den Keller hinabsteigen würden, um dem Untier den Garaus zu machen. Es meldete sich aber keiner, so daß man zuletzt beschloß, den Kellereingang mit einem Wald von Piken und Hellebarden zu sperren und das Haus anzuzünden, damit das Ungeheuer darunter verbrannte.

Als der Stadtschreiber in seinem Keller von diesem Beschluß hörte, standen ihm die Haare vor Angst zu Berge. Er suchte in seiner Not einen Ausweg und fand auch einen durch das vergitterte Kellerfenster, das nicht auf die Straße führte, sondern in den Garten. Da der Stadtschreiber nur von schmächtiger Gestalt war und er nun schon drei Tage gehungert hatte, gelang es ihm, sich durch die Gitterstangen zu zwängen und durch den Garten nach seinem Hause zu entkommen. Hier machte er sich wieder frisch, wechselte das zerrissene Gewand gegen ein neues und eilte dann zu dem Hause, vor dem die Menge tobte.

Hurra, unser Stadtschreiber ist wieder da, schrien die Bürger und machten ihm Platz.

Was geht hier vor? tat der Stadtschreiber unwissend. Der Bürgermeister berichtete, daß ein gefangenes Seeungeheuer sich in dem

Keller verborgen halte. Nun wolle man das Haus anzünden und verbrennen, da sich niemand gefunden habe, der in den Keller hinabsteigen wolle, um das Ungeheuer zu töten.
Da bin ich ja gerade zur rechten Zeit gekommen, die Vaterstadt aus der höchsten Not zu retten! rief der Stadtschreiber. *Seid ihr denn alle Memmen? Einen Degen! Bei meiner Ehre, einen Degen!*
Alle jubelten dem Retter der Vaterstadt zu, am meisten aber der Besitzer des Hauses, das man verbrennen wollte.
Man reichte dem Stadtschreiber einen Degen, er zog vom Leder und stürzte dann unter dem Aufschrei der Menge todesmutig in den Keller. Hier rumorte er gewaltig mit den Trümmern der Heringstonne herum und ließ seine ganze Wut daran aus, daß der Schlachtenlärm bis auf die Straße drang.
Halt aus! Tapfer! Immer auf ihn! brüllte die Menge von draußen, während sich der Stadtschreiber an einem Reifen der Heringstonne verletzte, der bei einem gewaltigen Hieb seines Degens in die Höhe gesprungen war und ihn an der Hand getroffen hatte. Da stieg der Stadtschreiber als Sieger wieder aus dem Keller und wurde stürmisch gefeiert.
Ich habe Kleinholz daraus gemacht, schrie er. *Seht nach, ob noch etwas von dem Ungetüm übriggeblieben ist, das Stadt und Küste nun nie wieder bedrohen wird.*
Der Stadtschreiber wurde im Festzuge nach Hause geleitet und zum Ehrenbürger der Stadt ernannt. Natürlich konnten auch die Tanten sich nun nicht genug ihres tapferen Neffen rühmen, und sie konnten sich nicht mehr erinnern, ihm jemals von einer Seereise abgeraten zu haben, denn nicht jeder, der sich in Gefahr begibt, kommt darin um.

Der Walfänger

Es war zu der Zeit, als viele Männer von der weiten Nordseeküste auf den Walfang fuhren. Damals wurden auf den Inseln Zäune und Gartentore aus dem Gebein der riesigen Seetiere errichtet.

Da ging auch Kapitän Eiko mit seinem tüchtigen Schiff in See, um gute Beute aus dem Eismeer nach Hause zu bringen. An Bord war auch Suntke Harpuner, wie er allgemein genannt wurde, denn niemand verstand es trefflicher als Suntke, die Harpune in den Specknacken eines Wales zu schleudern. Er verstand sein Handwerk wie kein zweiter, und man konnte gewiß sein, daß von allen Walfängern und Robbenschlägern niemand so viel Jagdglück gehabt hatte wie Suntke. Dabei war weder ihm, seinen Leuten noch seinem Fahrzeug jemals Unheil zugestoßen.

Die Abendschatten sanken schon über das Meer und machten alle Dinge ungewiß, da legte der Mann im Marskorb des Walfangschiffes überrascht die Hand um den Mund und rief mit singender Stimme aus: *Land in Sicht.*

Der Kapitän, Suntke Harpuner und die anderen Männer polterten an Deck, rannten an die Reling und hielten Ausschau. Ja, wirklich, nun hatte Suntke es auch entdeckt und wies mit der behandschuhten Faust nach vorn.

Dort tauchte ein dunkelgrauer Hügelrücken aus der Flut, der zweifelsohne eine kleine Insel im Eismeer anzeigte. Damals war es auf den Schiffen noch sehr beengt, und darum freuten sich die Männer, sich einmal gehörig wieder die Füße vertreten zu können nach der langen beschwerlichen Fahrt.

Soll der Anker ausgebracht werden, Kapitän? fragte der Steuermann. *Es täte uns sicher allen gut, die Knochen zu bewegen.*

Der Kapitän war einverstanden, und auch der Koch wollte gern an Land gehen und auf der Insel ein kleines Feuer machen.

Soweit ich es aber erkennen kann, erwiderte Eiko freundlich dem Koch, *werdet Ihr die Feuerung dazu von Bord mitbringen müssen, denn auf der Insel wächst, scheint 's, weder Baum noch Strauch.*

Je näher sie der in tiefer Stille vor ihnen liegenden Insel kamen, desto mehr mühten sich die Männer, die Dämmerung mit ihren Augen zu durchdringen, um Einzelheiten auszumachen.
Sie konnten aber so gut wie nichts mehr erkennen. Als man die grauglänzende Insel, an die man von keiner Untiefe behindert nahe herankommen konnte, erreicht hatte, ließ der Kapitän den Anker ausbringen.
Suntke Harpuner sprang als erster an Land und machte die Leine fest, die nun Schiff und Insel miteinander verband.
Nacheinander setzten die Männer auf die Insel über, auf der man jedoch kaum gehen konnte, ohne auszugleiten, denn der Boden war überaus glitschig.
Auch der Koch kam herüber und schleppte neben Töpfen und Eßvorräten eine Sack voll Brennholz mit, um sein Vorhaben durchzuführen, an Land ein kleines Festmahl zu bereiten.
Suntke Harpuner besah sich inzwischen die Insel, die gleichmäßig zu einem mächtigen Hügel aus dem Meer aufwuchs. Als er den Kamm der Anhöhe erstiegen hatte, konnte er die Insel nach allen Seiten hin überschauen. Da sah er zu seinem Erstaunen am Ostende von Zeit zu Zeit mächtige Wasserfontänen aufsteigen, die hoch in der Luft zu weißem Dampf versprühten. *Zwei Geysire,* dachte Suntke, der auf einer seiner vielen Fahrten schon in Island die heißen Quellen gesehen hatte.
Das sollte der Koch wissen, brummte er vor sich hin, *der könnte sich die Mühe sparen, hier ein Feuer zu entfachen, um Wasser heiß zu machen.*
Der Koch hatte inzwischen den Sack mit trockenem Brennholz ausgeschüttet, aber es dauerte ihn doch, den wertvollen Vorrat zu verbrauchen. Lieber wollte er sich zunächst einmal umschauen, ob nicht die Insel selbst doch eine Vegetation aufwies, und wenn sie noch so spärlich sein sollte. Die Mannschaft vergnügte sich inzwischen damit, den Hügel eine Strecke zu ersteigen, um dann mit einem Anlauf in schneller Fahrt hinunterzurutschen. Das war ein Spaß, den sie mit großem Eifer betrieben und der ihnen Bewegung und Hunger zugleich verschaffte.

Soweit der Koch auch herumwanderte, er fand nichts Brennbares auf dieser seltsamen Insel, darum kehrte er endlich mißlaunig zur Anlegestelle des Schiffes zurück, wo er mit Suntke Harpuner zusammentraf, der ihm von den kochenden Quellen erzählte.

Sie beschlossen, einen großen Kessel zu nehmen und gemeinsam das Wasser heranzutragen. Ja, das war nun leichter gesagt als getan, denn am Ostende der Insel angelangt, zeigte sich die Unmöglichkeit, den zeitweise in steiler Säule steigenden Wasserdampf im Kessel aufzufangen.

Suntke und der Koch kehrten deshalb unverrichteter Dinge zum Anlegeplatz zurück.

Nun mußte der Koch wohl oder übel doch das Holz schichten, das er so gern geschont hätte. Er ließ sich von Suntke Feuer geben und setzte damit das trockene, gespaltene Holz in Brand. Hell loderte die Flamme auf und lockte alle Männer zurück.

Sie waren kaum angelangt, da erfüllte ein markdurchdringendes Schnauben die Luft, als ob ein Riesentier aus tiefem Schlaf erwachte. Die Insel selbst wurde wie von einem Erdbeben erschüttert. Es schien, als ob der Boden, auf dem die Männer standen, sich wie eine erschauernde Haut zusammenzöge.

Jetzt sah man die Riesenfontänen am Ostende der Insel auch von hier aus hundert Meter und mehr in die Höhe steigen. Die Männer waren sämtlich umgefallen und standen mühsam auf.

Das ist ja wahrhaftig, als ob der Wal bläst, meinte Suntke Harpuner. *Auf, Leute, so schnell wie möglich auf das Schiff zurück. Dort sind wir noch am sichersten.*

Die Männer sprangen so rasch wie möglich an Bord, nur der Koch versuchte in aller Eile sein Geschirr zusammenzuraffen; fast wäre es ihm zum Verderben geworden.

Die ganze ungeheure Insel bewegte sich plötzlich, es schien, als ob dieser gewaltige grauglänzende Hügel sich um sich selbst drehen wollte. Zugleich ertönte wieder das entsetzliche Schnauben, daß das Blut in den Adern stocken ließ. Man konnte noch gerade dem Koch eine Leine zuwerfen, mit der er an Bord gezogen wurde.

Anker auf! schrie Eiko, der Kapitän, aber vergebens setzte man das Gangspill in Bewegung. Der schwere Anker wollte nicht vom Grunde los. Da ergriff Suntke Harpuner ein Handbeil und kappte kurzentschlossen die dicke Ankertrosse.

Dadurch kam das Schiff schnell von der sich im Wasser herumwälzenden Insel frei und gewann rasch Abstand. Jetzt tauchte dort, wo man die Geysire am Ostende der Insel vermutet hatte, ein ungeheures scheußliches Haupt aus den Fluten, das mehr dem Kopf eines Walrosses als dem eines Wales ähnelte und seinen wasserzerstäubenden Atem von sich stieß.

Nun wurde den Männern auf dem Walfänger klar, daß sie ein schlafendes Meerungeheuer für eine kleine Insel gehalten und in seinem Schlaf gestört hatten. Man kann sich gut vorstellen, daß ein prasselndes Holzfeuer auch dem Specknacken dieses riesigen Tieres ungemütlich werden mußte und daß es ihn durch ein Runzeln seiner Haut abzustreifen versucht hatte.

Den Walfängern gelang es, dem Untier zu entkommen, ehe es ganz aus dem Schlaf erwacht war und mit seinen schrecklichen Hauern nach Schiff und Mannschaft hätte schnappen können. Das Schiff wäre aber niemals gerettet worden, wenn Suntke Harpuner nicht blitzschnell die schwere Ankertrosse gekappt hätte, die sich hinter einer Flosse des Meerungetüms festgelegt haben mußte.

Vom Walfang hatten Eiko und Suntke für dieses Jahr genug. Sie kehrten glücklich in die Heimat zurück, wo ihr Erlebnis unter den Strohdächern hinter dem Deich noch oft erzählt wurde.

Anhang

Wort- und Sacherklärungen

Agge, Arge große Fischreuse im Watt: Zwei Wände aus (Birken)reisig, die trichterförmig zusammenlaufen, leiten die Fische in das schlauchförmige Fangnetz (Hamen) oder den Fangkorb an der Spitze. Aggenfischerei wird heute kaum noch betrieben.

Agge(n) bzw. Arge(n)boot vorn und hinten etwas zugespitztes, kastenartiges Boot von 3–4 m Länge mit flachem Boden zum Abholen der Fänge. Vorn am Boot ist ein Griff zum eventuell notwendigen Ziehen im Flachwasser angebracht. Das Boot diente häufig nur als Verbindungsfahrzeug zum im tieferen Wasser wartenden Kutter. Der ähnliche, im Dollartgebiet heute noch übliche Kreier, ein ca. 1,5 m langer Schlickschlitten, ist nicht schwimmfähig.

Bake festes Seezeichen, häufig aus Holz, das an Land oder im Flachwasser errichtet wird

Butze Bettschrank, Alkoven

Felleisen Ranzen (der Handwerksburschen); Reisesack (frz.: valise)

Gangspill senkrechtstehende Winde, in deren Kopf Handspaken (Speichen) eingesetzt werden, die im Rundgang um das Spill herumgedreht werden (z.B. um den Anker aufzuhieven)

Helling Bauplatz für Schiffe mit einer zum Wasser geneigten Ebene für den Stapellauf

Holsch(en), Holske; Holschen, Holsken Holzschuh; Holzschuhe

Kajung Kai-, Hafenmauer; Uferbefestigung

Kap landfestes Seezeichen an weit sichtbarer Stelle einer Küste, z.B. auf einer hohen Düne (ndl.: kaap)

Kapp(en)sturz Abrutschen der Deichkappe zur Binnenseite des Deiches, bewirkt durch Durchnässen des Deichbodens bei hohen Außenwasserständen oder durch auflaufende und überschlagende Wellen bei Sturmfluten.

Klump(e); Klumpen Holzschuh; Holzschuhe

Loog Dorf, vor allem das (alte) Ostdorf auf Juist

Marsch flaches, fruchtbares Land hinter den Deichen an der Nordseeküste

Marskorb ›Mastkorb‹, ursprüngl. korbähnlicher Aufbau am Topp (Spitze) eines Mastes für den Ausguck

Moderke Mütterchen (ndd.)

Ohm Oheim (ndd.), Anrede oder Zusatz zum Vornamen für angesehene oder auch ältere Männer, z.B. wie hier Freerk-Ohm

Ostkap Kap

Pennlicker ›Federlecker‹, Schreiber (spöttisch) (ndd.)

Plaats/e großer Bauernhof

Plate große Sandbank, auch ausgedehnte, vorwiegend sandige Wattfläche. Diese Wattflächen werden aber auch als Nacken (z.B. Rysumer Nacken), Rücken (→ Schweinsrücken), Sand (z.B. Kopersand) bezeichnet.

Polder eingedeichtes Marschland (Ostfriesland), Nordfriesland: Koog

Pulsstock Springstock, längerer hölzerner Stab zum Überspringen von Gräben, unten mit einem Holzklotz, um das Einsinken in den Schlamm zu verhindern

(Jan) Rasmus stürmische, tobende See (Personifikation, abgeleitet v. St. Erasmus, dem Schutzpatron der Seeleute)

Regenbacke Auffanggefäß (Faß) für Regenwasser, Wasserbehälter, Zisterne

Riemen Ruder

Schlafbutze →Butze

Schlenge buhnenartiger Damm aus Buschwerk (zum Küstenschutz)

Seegat(t) Engpaß zwischen den (Ostfriesischen) Inseln, Verbindung zwischen dem Wattenmeer und der offenen See (Gatt, ndd. = Loch, Lücke usw.)

Siel Deichschleuse, verschließbares Durchlaßbauwerk für die Entwässerung (seltener Bewässerung) eingedeichten Landes

Smutje Schiffskoch

Springtide um die Zeit von Voll- und Neumond auftretende, besonders hohe Flut, Springflut

Stoßdegen Dolch

Tauschläger Seiler, Seildreher (ndd.: Reep-, Tauslager)

Teek Treibsel, Meeresauswurf (angeschwemmtes Gras, Holz, Schilf, Stroh, Tang usw.)

Tide Steigen und Fallen des Wassers im Ablauf der Gezeiten (Ebbe und Flut)

Tief größerer Wasserlauf

Westkap → Kap

Wippwapp, Wüppwapp Brettschaukel zum Wippen (eine auf eine schmale Unterlage gelegte Planke zum Schaukeln bzw. Auf- und Niederwippen)

wriggen ein Boot fortbewegen durch einen am Heck hin- und herbewegten → Riemen

Anmerkungen

Das goldene Siel

Das um 1000 n. Chr. erbaute, 1218 von einer Sturmflut zerstörte ›Schliekersiel‹ an der Jade (nördl. v. Rüstersiel) soll kupferne (vermutl. kupferbeschlagene) Tore gehabt haben.

Der Heringskönig

Das Sagenmotiv von der Heringsschwemme und der Verwendung der Fische als Dünger ist an der Nordseeküste u.a. von Norderney und Helgoland überliefert.
Im Volksglauben deutet der Fang eines Heringskönigs (der meistens als doppelt so groß geschildert wird wie ein normaler Fisch) allgemein auf reichen Fang hin. Wird der König aber nicht wieder freigelassen oder gar getötet, so bleiben die Heringsschwärme aus.

Ostertide

Die Schönheit des Schwanes hat schon früh dazu geführt, dem Tier übernatürliche Eigenschaften zuzuschreiben; Schwäne spielen in der Mythologie, in Märchen und Sagen als Orakel- und Zaubertier eine wichtige Rolle. Schwanenverwandlungen sind schon aus dem Altertum überliefert. Die gerettete Seele entfliegt in Schwanengestalt, Götter und Dämonen nehmen Schwanengestalt an.

Der Schlittschuhläufer

Die ältesten Schlittschuhe bestanden bereits in vorgeschichtlicher Zeit aus Tierknochen (Pferd, Kuh, Ren). Diese ›Eisknochen‹ wurden noch im 12. Jahrhundert benutzt.
Nach weitverbreitetem Volksglauben verfügen die Tiere in den zwölf Nächten (Zwölften), landschaftlich unterschiedlich festgesetzten Tagen zwischen dem 21.12. (Thomastag) und dem 6.1. (Dreikönig) über Menschenverstand und -sprache.

Die wundersamen Holzschuhe

Das Motiv der magischen Holzschuhe, mit denen man auf dem Wasser laufen kann, ist weit verbreitet. Es findet sich z.B. in der Bretagne und in Irland und auch in einer Volkserzählung von der Insel Juist (s. van der Kooi/Schuster: Märchen und Schwänke aus Ostfriesland, Nr. 13)
Stapp-up't-Land/Water = Tritt aufs Land/Wasser
›Bulgenrieder‹ = ›Wogenreiter‹
Waterkant = Ufer

Der Kloot, der in die Wolken flog

Klootschießen = ein an der friesischen Nordseeküste, vor allem im Nordwesten als Sport betriebenes Wettkampfspiel, bei dem mit einem Kloot, einer Kugel aus Pockholz mit einer Bleieinlage, geworfen wird.
nüms = niemand
densülvigen = denselben
Dat sall en Woord wesen = Das soll ein Wort (gewesen) sein

Springtide

Die Grundidee des Märchens beruht auf einer verbreiteten alten Sage, die in Ostfriesland erstmals um 1650 von Ulrich von Werdum aufgezeichnet wurde. Sie wird auch von den Nachbarinseln Norderney und Baltrum und von nord- und westfriesischen Inseln erzählt. Erhalten hat sich auch die Redensart: Up 'n Backschöffel (Backschaufel) van 't Langeoog na 't Spiekeroog tolangen.

Ebbas grüne Wiege

Von der nordfriesischen Insel Föhr ist überliefert, daß bei einer Sturmflut (1825) zwischen den umhertreibenden Trümmern eine grüne Wiege gefunden wurde mit zwei noch lebenden Knaben. Die Jungen wurden beim Hafenmeister von Wyk aufgezogen und sind später beide Seeleute geworden. Die Wiege hat auch den nachfolgenden Generationen gedient und war bis in die neuere Zeit in Gebrauch.
Nach altem, durch Erfahrung gestützten Glauben beeinflussen die Mondphasen und damit auch die Gezeiten des Meeres die Geburt eines Kindes. Der wachsende Mond, die steigende Flut beschleunigen, der abnehmende Mond, der Ebbstrom haben einen negativen Einfluß und verzögern die Ankunft eines neuen Erdenbürgers.

Der Schweinsrücken

Schweinsrücken = Sandbank südlich des Südstrandes von Wilhelmshaven, → Plate (Wort- u. Sacherkl.)

Laat mi blieven,... = Laß mich bleiben
Siet wennehr hebben de Swien mittoproten? = Seit wann dürfen die Schweine mitreden?
Fohr mi torügg = Fahr mich zurück
Warum kiddelst du mi, Mann? = Warum kitzelst du mich, Mann?

Bibliographischer Nachweis

Tidebuch [1. Teil]. Die Märchen von Ebbe und Flut. Reinbek bei Hamburg: Parus 1947

Das goldene Siel
Das Schiff in der Flasche
Die Riesentonne
Der Heringskönig
Ostertide
Die wundersamen Holzschuhe (ursprüngl.: Das Holzschuhmärchen)
Wippwapp
Der Kloot, der in die Wolken flog
Die Wolkenkuh
Ebbas grüne Wiege

Tidebuch [2. Teil]. Die Märchen am Meer. Reinbek bei Hamburg: Parus 1948

Das fliegende Holzscheit (ursprüngl.: Das fliegende Scheit)
Helling Hoh
Der Walfänger

Tidebuch [3. Teil]. Die Märchen von einst und jetzt. Reinbek bei Hamburg: Parus 1948

Der Schlittschuhläufer

Das Logbuch des Klabautermann. [!] Vlotho: Friedrich Köhler 1948

Springtide
Der Schweinsrücken
Der Stadtschreiber in der Heringstonne

Zur Edition:

Die meisten Texte wurden behutsam stilistisch überarbeitet. Unstimmigkeiten, die auf Flüchtigkeiten beim Manuskript und bei der Drucklegung hindeuten, wurden verbessert, die niederdeutsche Graphie aktualisiert.

Volkserzählungen, Märchen und Schwänke in unserem Verlag

Johann Haddinga/Theo Schuster, Das Buch vom ostfriesischen Humor
Bd. 1 163 Seiten, Linson geb.
Bd. 2 161 Seiten, Linson geb.
Bd. 3 ca. 220 S., Linson geb.

Karl Hennings, Sagen und Erzählungen, Volkskunde und Kulturgeschichtliches aus dem Hannoverschen Wendlande
157 Seiten, Efalin kart.

Albrecht Jansen, Störtebekers Schatz. Friesische Märchen
124 Seiten, Efalin kart.

Jürgen van der Kooi/Theo Schuster, Märchen und Schwänke aus Oldenburg
ca. 450 Seiten, Efalin geb.

Jürgen van der Kooi/Theo Schuster, Märchen und Schwänke aus Ostfriesland
409 Seiten, Efalin geb.

Hinrich Kruse, Dumm Hans weet Bescheed
100 Seiten, Efalin kart.

Hermann Lübbing, Friesische Sagen von Texel bis Sylt
291 Seiten, Efalin kart.

Enno Nüms, Dööntjes van Blied Jan.
80 Seiten, Efalin kart.

Wilhelmine Siefkes, Jan Stiekelswien
96 Seiten, Efalin kart.

Wilhelmine Siefkes, Ostfriesische Sagen
36 Seiten, Efalin geh.

Ludwig Strackerjan, Aberglaube und Sagen aus dem Herzogthum Oldenburg
Bd. I/II zus. 1035 Seiten, Linson geb.

Verlag SCHUSTER Leer